高等职业学校"十四五"规划酒店管理
与数字化运营专业新形态教材

民宿 管家服务

MINSU GUANJIA FUWU

主　编：汝勇健
副主编：赵　丹　姚建园　陆　洁

华中科技大学出版社
http://press.hust.edu.cn
中国·武汉

内 容 简 介

本教材共分六个项目。项目一为民宿管家职责与要求，介绍了民宿管家职业认知、民宿管家岗位职责、民宿管家职业素养及民宿管家成长之路。项目二为民宿日常服务，介绍了民宿住宿服务、餐饮服务等相关技能与知识。项目三为民宿定制化活动策划，介绍了团建、旅游休闲、本地文化体验及生活方式体验等活动策划。项目四为民宿运营管理，主要介绍物料采购管理、设备用品管理、服务质量检查、民宿安全管理及运营数据分析。项目五为客户关系维护，介绍了民宿客史资料收集、个性化服务、客人投诉处理及网络口碑维护。项目六为民宿服务营销，介绍了民宿服务设计及新媒体营销。教材内容涵盖了民宿管家工作的主要业务及技能，案例鲜活、资料翔实，具有很强的理论性与实践指导性。

本教材可作为职业院校民宿运营与管理及酒店管理、旅游管理专业教学用书，也可作为民宿行业从业人员的培训用书及民宿管家国家职业技能培训参考教材，还可作为民宿从业人员的自学用书。

图书在版编目(CIP)数据

民宿管家服务 / 汝勇健主编 . -- 武汉：华中科技大学出版社，2024.9. --（高等职业学校"十四五"规划酒店管理与数字化运营专业新形态教材）. -- ISBN 978-7-5772-1069-8

Ⅰ．F726.92

中国国家版本馆 CIP 数据核字第 202470QV55 号

民宿管家服务
Minsu Guanjia Fuwu

汝勇健　主编

策划编辑：李家乐
责任编辑：张　琳
封面设计：原色设计
责任校对：张会军
责任监印：周治超
出版发行：华中科技大学出版社（中国·武汉）　　电话：(027)81321913
　　　　　武汉市东湖新技术开发区华工科技园　　邮编：430223
录　　排：孙雅丽
印　　刷：武汉市籍缘印刷厂
开　　本：787mm×1092mm　1/16
印　　张：10
字　　数：205千字
版　　次：2024年9月第1版第1次印刷
定　　价：49.90元

本书若有印装质量问题，请向出版社营销中心调换
全国免费服务热线：400-6679-118　　竭诚为您服务
版权所有　侵权必究

总序

2021年,习近平总书记对全国职业教育工作作出重要指示,强调要加快构建现代职业教育体系,培养更多高素质技术技能人才、能工巧匠、大国工匠。同年,教育部对职业教育专业目录进行全面修订,并启动《职业教育专业目录(2021年)》专业简介和专业教学标准的研制工作。

新版专业目录中,高职"酒店管理"专业更名为"酒店管理与数字化运营"专业,更名意味着重大转型。我们必须围绕"数字化运营"的新要求,贯彻党中央、国务院关于加强和改进新形势下大中小学教材建设的意见,落实教育部《职业院校教材管理办法》,联合校社、校企、校校多方力量,依据行业需求和科技发展趋势,根据专业简介和教学标准,梳理酒店管理与数字化运营专业课程,更新课程内容和学习任务,加快立体化、新形态教材开发,服务于数字化、技能型社会建设。

教材体现国家意志和社会主义核心价值观,是解决培养什么样的人、如何培养人以及为谁培养人这一根本问题的重要载体,是教学的基本依据,是培养高质量优秀人才的基本保证。伴随我国高等旅游职业教育的蓬勃发展,教材建设取得了明显成果,教材种类大幅增加,教材质量不断提高,对促进高等旅游职业教育发展起到了积极作用。在2021年首届全国教材建设奖评审中,有400种职业教育与继续教育类教材获奖。其中,旅游大类获一等奖优秀教材3种、二等奖优秀教材11种,高职酒店类获奖教材有3种。当前,酒店职业教育教材同质化、散沙化和内容老化、低水平重复建设现象依然存在,难以适应现代技术、行业发展和教学改革的要求。

在信息化、数字化、智能化叠加的新时代,新形态高职酒店类教材的编写既是一项研究课题,也是一项迫切的现实任务。应根据酒店管理与数字化运营专业人才培养目标准确进行教材定位,按照应用导向、能力导向要求,优化设计教材内容结构,将工学结合、产教融合、科教融合和课程思政等理念融入教材,带入课堂。应面向多元化生源,研究酒店数字化运营的职业特点及人才培养的业务规格,突破传统教材框架,探索高职学生易于接受的学习模式和内容体系,编写体现新时代高职特色的专业教材。

我们清楚,行业中多数酒店数字化运营的应用范围仅限于前台和营销渠道,部分酒店应用了订单管理系统,但大量散落在各个部门的有关顾客和内部营运的信息数据没有得到有效分析,数字化应用呈现碎片化。高校中懂专业的数字化教师队伍和酒店里懂营运的高级技术人才是行业在数字化管理进程中的最大缺位,是推动酒店职业教育数字化转型面临的最大困难,这方面人才的培养是我们努力的方向。

高职酒店管理与数字化运营专业教材的编写是一项系统工程,涉及"三教"改革的多个层面,需要多领域高水平协同研发。华中科技大学出版社与南京旅游职业学院、广州市问途信息技术有限公司合作,在全国范围内精心组织编审、编写团队,线下召开酒店管理与数字化运营专业新形态系列教材编写研讨会,线上反复商讨每部教材的框架体例和项目内容,充分听取主编、参编老师和业界专家的意见,在此特向这些参与研讨、提供资料、推荐主编和承担编写任务的各位同仁表示衷心的感谢。

该系列教材力求体现现代酒店职业教育特点和"三教"改革的成果,突出酒店职业特色与数字化运营特点,遵循技术技能人才成长规律,坚持知识传授与技术技能培养并重,强化学生职业素养养成和专业技术积累,将专业精神、职业精神和工匠精神融入教材内容。

期待这套凝聚全国高职旅游院校多位优秀教师和行业精英智慧的教材,能够在培养我国酒店高素质、复合型技术技能人才方面发挥应有的作用,能够为高职酒店管理与数字化运营专业新形态系列教材协同建设和推广应用探出新路子。

全国旅游职业教育教学指导委员会副主任委员
周春林　教授

近年来,民宿行业作为旅游业的一股新兴力量,发展迅猛。在这一过程中,民宿管家成为不可或缺的一环,他们的工作涉及客户服务、房间管理、活动策划、安全管理、客户关系维护及营销管理等诸多方面。民宿管家不仅是民宿运营的灵魂人物,更是直接决定客人体验质量的核心所在。

2022年6月14日,人力资源和社会保障部向社会公示了"民宿管家""研学旅行指导师"等18个新职业,民宿管家成为职业大军中的"正规军"。随着旅游市场的不断扩大和消费者对旅游体验要求的不断提高,民宿行业迎来了前所未有的发展机遇,同时,这也对民宿管家的服务水平和专业素质提出了更高的要求。本教材的编写基于对民宿行业运营管理人才需求的深入调研,目的在于为民宿管家提供一套实用的服务指南,帮助他们掌握民宿服务的基本知识和技能,提升服务质量,为客人提供更加优质的住宿体验。本教材的主要特点如下。

1. 立足行业,产教融合

本教材编写团队由院校"双师型"教师与行业专家组成,团队成员深入民宿行业进行充分调研,把脉民宿业发展对人才的需求。教材共分六个项目,主要围绕民宿管家业务活动而展开,汇编了大量民宿管家服务案例及民宿运营相关资料,涵盖了民宿管家工作的主要业务及技能。教材贴近行业,案例鲜活、资料翔实,理论与实践指导性强。

2. 编排合理,可读性强

本教材在结构安排上以民宿管家岗位工作任务为主线,从民宿管家的基本素质要求、服务技能,逐步深入到民宿定制活动策划、运营管理等方面,层次分明,由简到繁、先易后难,采用项目课程、工作任务法实施教学工作,注重学生职业能力与职业修养的培养。每一项目都设置了明确的学习目标和项目训练，帮助读者巩固所学知识，提高应用能力。

3. 实践应用与指导性强

本教材注重实践应用与理论指导，汇编了大量民宿服务与运营案例及相关资料，将职业标准、行业标准及民宿业工作实际融入其中。教材选材重点突出，具有很强的实用性、可操作性与指导性。同时将数字资源融入教材，为学生提供丰富多样的学习资料，增加了教材的生动性与可读性。

本教材由南京旅游职业学院汝勇健担任主编，辽宁轻工职业学院赵丹、南京旅游职业学院姚建园及南京工业大学浦江学院陆洁参与编写。南京旅游职业学院袁义、广东惠州城市职业学院邓志刚、南京金陵高等职业技术学校耿芹等老师提供了部分案例与图片资料，教材还参考了相关著述及网络资料，在此一并表示感谢！

由于编写时间仓促、编者水平有限，加之民宿业发展日新月异，教材难免有疏漏与不足之处，敬请广大读者批评指正。

编者

2024 年 7 月

项目一　民宿管家职责与要求——民宿管家的一天　/001

任务一　民宿管家职业认知　/003
 一、管家及管家服务　/003
 二、民宿管家服务　/004

任务二　民宿管家岗位职责　/005
 一、民宿管家职责、工作任务及日常工作　/005
 二、民宿管家的任职条件　/007

任务三　民宿管家职业素养　/010
 一、职业守则　/011
 二、职业能力　/014

任务四　民宿管家成长之路　/015
 一、民宿管家相关培训　/016
 二、民宿管家自我提升　/017

项目二　民宿日常服务——有朋自远方来　/021

任务一　住宿服务　/023
 一、预订服务　/024
 二、入住服务　/026
 三、离店服务　/039

任务二　餐饮服务　/043
 一、早餐服务　/044
 二、正餐服务　/046
 三、茶艺服务　/053

项目三　民宿定制化活动策划——明明白白您的心　/059

任务一　团建活动策划　/061
一、团建活动前期策划　/061
二、团建活动准备工作　/062
三、保障团建活动实施　/063
四、收集团建活动反馈　/064

任务二　旅游休闲活动　/066
一、民宿休闲活动　/067
二、民宿娱乐活动　/067
三、民宿度假活动　/068

任务三　本地文化体验　/070
一、工艺体验民宿　/070
二、民俗体验民宿　/073

任务四　生活方式体验　/076
一、农家体验民宿　/076
二、自然体验民宿　/077
三、生活体验民宿　/077

项目四　民宿运营管理——我是一个好当家　/081

任务一　物料采购管理　/083
一、了解市场行业　/083
二、控制采购成本　/084

任务二　设备用品管理　/086
一、民宿设备管理　/086
二、民宿用品管理　/088

任务三　服务质量检查　/091
一、服务质量标准　/091
二、服务质量控制　/092

任务四　民宿安全管理　/095
一、安全设施配备　/096
二、安全预防工作　/097
三、突发事件应急处理　/099

任务五 运营数据分析	/100
一、数据的收集	/100
二、数据的分析	/102
三、数据的应用	/102

项目五　客户关系维护——常"回家"看看　　/106

任务一 客史资料收集	/108
一、客史资料类别及作用	/108
二、客史资料收集方法	/109
三、客史资料管理	/110
任务二 个性化服务	/112
一、什么是服务	/112
二、个性化服务的界定	/113
三、个性化服务的要求	/114
任务三 客人投诉处理	/115
一、常见的投诉类型	/115
二、投诉处理的原则	/116
三、投诉处理的流程	/117
任务四 网络口碑维护	/119
一、网络口碑的界定	/119
二、网络口碑的重要性	/120
三、民宿网络口碑维护的方法	/122
四、线上差评回复技巧	/123

项目六　民宿服务营销——十八般武艺　　/128

任务一 民宿服务设计	/130
一、关键时刻与峰终定律	/130
二、民宿服务的关键时刻	/131
任务二 新媒体营销	/138
一、新媒体概念	/138
二、新媒体营销的方式	/138

参考文献　　/145

项目一
民宿管家职责与要求
——民宿管家的一天

项目描述

在民宿行业中，民宿管家是不可或缺的，他们的工作涉及客户服务、房间管理、维护与清洁、安全管理、旅游咨询、客户关系维护及财务管理等多个方面。民宿管家不仅是民宿运营的灵魂人物，更是直接决定客人体验质量的核心所在。

2022年6月14日，人力资源和社会保障部向社会公示了"民宿管家""研学旅行指导师"等18个新职业，经公示征求意见、修改完善后，这些新职业纳入新版《中华人民共和国职业分类大典》。由于民宿行业的蓬勃发展，短短几年，民宿管家从业者实现从零到百万级别的飞跃式增长。新职业的公示象征着民宿管家成为职业大军中的"正规军"。

那么，什么是管家？民宿管家需要做哪些工作？如何才能成为一位优秀的民宿管家？本项目主要介绍民宿管家工作内容、任职要求、管家职业守则以及管家成长之路，以推动民宿管家的人才培养和发展。

项目目标

知识目标

1. 掌握民宿管家的定义及工作职责。
2. 熟悉民宿管家的工作内容。
3. 熟悉民宿管家的任职条件。

能力目标

1. 理解民宿管家的工作内容。
2. 具备民宿管家的职业素养。
3. 具备民宿管家的相关知识。

素养目标

1. 培养良好的认知能力。
2. 培养良好的职业素养。
3. 培养学习能力与创新意识。

 学习导图

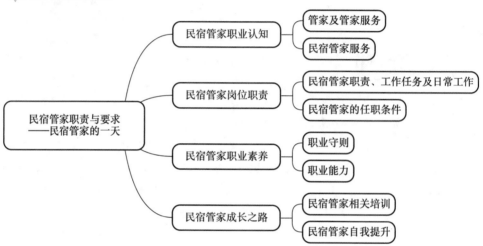

学习重点

1. 民宿管家的工作内容。
2. 民宿管家的职业素养。

学习难点

1. 民宿管家的工作内容。
2. 民宿管家的成长之路。

项目引入

民宿管家看似是一份令人艳羡的工作，很多人觉得他们的日常就是"诗和远方"。但实际上民宿管家的工作非常琐碎，是需要付出很多时间和心力的。

一位民宿管家说：年少不懂事的时候，以为民宿管家就是单纯地待在店里，把店里布置成自己喜欢的样子，接待来自天南地北的客人，谈天说地，结交各类好友。空闲的时候，泡上一杯咖啡，欣赏周围风景，安静自在。

真正入行后就会发现，作为一个民宿管家，不仅要跟客人聊文化历史，还要与

前后邻居及房东打交道；会修马桶，能换电灯泡；还要懂财务、会制作短视频、善于推广；等等。

民宿管家这一职业要求从业者具备"一专多能"的综合素质，他们的工作并不简单，现实也没有那么浪漫。可以说，能够胜任民宿管家这一职位的人，都是经过严格筛选和长期培养的全能型人才，他们的专业素养、服务态度以及人际交往能力都达到了相当高的水平。

（资料来源：整理自简书）

思考： 民宿管家日常工作繁杂琐碎，涉及面广，如何对民宿管家职业有一个清晰的认识和了解，以及如何成为一名称职的民宿管家？

任务一　民宿管家职业认知

一、管家及管家服务

（一）管家的由来

管家，英文为"butler"，起源于中世纪的欧洲，最初出现在法国王室，后来传播到英国王室，专为英国王室服务，从而正式确立了"管家"这一称号。在当时的社会背景下，"管家"这一称号专属英国王室，其他的任何机构、组织、个人都无权使用。

随着管家服务的发展，具有爵位的贵族和名门也可以雇佣管家。管家服务在英国获得了极大的发展，不但完善了管家服务的内容和技巧，更是形成了系统的理论和思维，各方面带有英式烙印，自此，英式管家成为高贵、奢华的代名词。雪白的衬衫、黑色或白色的背心、黑色的领结、黑色的燕尾服、笔挺的黑色长裤和锃亮的黑色皮鞋，加上一丝不乱的头发和永远笔挺的身板，这就是人们眼中英式管家的标准形象。

传统的私人管家主要负责监督、管理整个家族的仆人，对待主人友好而不过于亲密，能揣测主人的需要，保护主人的隐私。管家的职责并非像保姆那样只需整理家务，管家服务被注入了全新的理念，管家要负责家庭生活的各个方面，甚至可以帮助主人管理财务、打理公司业务。管家不像保姆一样只负责家务整理工作，而是作为管理者，率领着一支由园艺师、营养师、保安、工程师、保洁员等专业人才组成的团队，这时管家的职责是为主人提供全方位的高品质生活服务。

（二）酒店管家服务

我国酒店管家服务出现得较早，20世纪90年代末，北京、上海等发达地区的高端酒店已经出现了管家服务，这些管家大多接受了英式管家的专业训练，拥有较高的职业素养和较强的职业技能。

贴身管家服务（butler service）实际上是一种高度专业化和私人化的一站式酒店服务，集酒店前厅、客房和餐饮等部门的服务于一体，通过专属管家来提供服务。专属管家会为入住酒店的贵宾提供专门的服务，贵宾的一切服务需要，诸如拆装行李、入住退房、客房服务、清晨叫早、订餐送餐、洗衣、订票、安排旅游和秘书服务等，都可以由专属管家负责完成。

简单来说，酒店管家是酒店的总代理，负责处理客人的预订、需求、投诉等，监督和协调客人所接受的各项服务，关注客人入住期间的各项细节，确保客人满意而归。

二、民宿管家服务

（一）民宿管家的缘起

民宿的兴起和发展，催生了民宿管家这一新职业。民宿是利用当地民居等相关闲置资源，结合当地人文自然景观、生态环境资源及农林渔牧生产活动，以家庭副业方式经营，为游客提供体验当地自然、文化与生产生活方式的小型住宿设施。民宿不同于传统的酒店旅馆，为使客人更好地体验当地风情、感受当地人民的热情与服务，体验有别于以往的生活，许多民宿都推出了管家服务。

（二）民宿管家的发展

民宿源自海外。近年来，我国民宿产业实现了快速扩张，民宿消费日益增长，民宿个性化的管家服务吸引了越来越多的住宿消费者。

2015年底国务院办公厅印发《关于加快发展生活性服务业促进消费结构升级的指导意见》，明确创新政策支持，积极发展客栈民宿、短租公寓、长租公寓等细分业态；2017年住房和城乡建设部、公安部、国家旅游局联合印发《农家乐（民宿）建筑防火导则（试行）》，"民宿服务"首次被纳入国民经济行业分类，同年，国家旅游局发布《旅游民宿基本要求与评价》（LB/T 065—2017）（已废止，最新标准为文化和旅游部发布的《旅游民宿基本要求与评价》（LB/T 065—2019））；2020年国家市场监督管理总局出台《乡村民宿服务质量规范》（GB/T 39000—2020）；2021年教育部全面修订了职业教育专业目录，新增了民宿管理与运营专业；2022年中央一号文件提出支持农民直接经营或参与经营的乡村民宿、农家乐特色村（点）发展；2022年6月，人力资源和社会保障部公示"民宿管家""研学旅行指导师"等18个新职业。

浙江湖州德清县是莫干山高端民宿的发源地，早在2020年，当地曾率先发布全国首个《民宿管家职业技能等级评定规范》，明确民宿管家的定义、职业守则、工作内容和等级评定等行业标准，在县域内实现银牌、金牌、白金牌民宿管家认定。

在民宿服务业中，管家服务是民宿住客接触最为频繁的服务，管家是顾客沟通互动的关键角色。相关研究表明，消费者对民宿业总体评价（包括性价比、环境、卫生、服务等方面）中得分最高的是"服务总体评价"这一项，其中服务的四项类目中得分较高的三个指标是"管家服务（客房）""出游服务""人情关怀"，在民宿服务的实际操作中，这三个服务类目都属于管家服务。民宿管家服务是民宿软实力的核心部分，在一定程度上能弥补民宿硬实力（如环境、基础设施等）的不足，提升客人对民宿的满意度，打造民宿良好口碑。

随着我国民宿业的快速发展，民宿管家成为新时代文旅新职业，伴随着行业的快速增长，民宿从业人员的需求量呈现出显著上升的趋势，民宿人才短缺的问题日益凸显，成为制约行业进一步发展的痛点。招人难，招具备职业技能的民宿管家更难。

任务二　民宿管家岗位职责

一、民宿管家职责、工作任务及日常工作

（一）民宿管家职责

根据人力资源和社会保障部公示的新职业信息，民宿管家指提供客人住宿、餐饮以及当地自然环境、文化与生活方式体验等定制化服务的人员。

民宿管家与酒店管家有着本质的区别：酒店管家实质上是酒店入住的高级客人或者重要客人的私人管家，提供的是一对一的服务；民宿管家是整个民宿的管家，类似于酒店的总经理，具有较大的管理权限。一些连锁式的民宿，民宿管家与店长一样，是某一个民宿的具体负责人。民宿管家的主要职责是为客人提供住宿安排、餐饮体验，以及深度融入当地自然环境、文化特色与生活方式等定制化服务，因此，民宿管家必须具备较强的管理能力和内部协调能力，以及处理突发问题的能力。

（二）民宿管家的工作任务

"小民宿、大管家"。民宿管家的工作内容广泛且细致，所以民宿管家应具有一定的策划能力，熟悉并熟练使用电脑及酒店管理系统（PMS），检查并确保民宿各项

服务质量达标，能对民宿运营数据进行挖掘与分析，另外，民宿管家要建立并维护良好的客户关系，还要掌握一些修理技能（如能修马桶、换电灯泡等），会利用微信、抖音等进行新媒体营销。

具体来讲，民宿管家的主要工作任务包括以下几个方面。

（1）根据当地自然人文环境，设计并推广一系列休闲、娱乐与生活方式的体验活动，以及推广并销售民宿服务项目。

（2）受理预订，与客人沟通，了解客人个性化服务需求，策划并制定服务项目与方案。

（3）介绍民宿服务项目与设施，协调并指导员工，确保接待、住宿、餐饮及活动等各类服务项目的顺利进行。

（4）检查项目服务细节，协调处理客人诉求，保证服务质量。

（5）分析民宿运营中物料采购、损耗的情况，整理并分析民宿运营数据，控制运维成本，提高经济收益。

（6）整理并记录客人的个人信息、消费项目及习惯，搜集并分析客人的体验反馈，积极维护并深化客户关系。

（7）制订民宿及服务项目应急预案，定期检查并维护安全设施和设备，确保在紧急情况下能够迅速组织并实施救护。

当然，由于各家民宿的具体情况存在差异，民宿管家的职责与工作任务也不尽相同。

（三）民宿管家的日常工作

民宿管家的日常工作比较繁杂、涉及面广，主要包括以下几项。

1. 客户服务

民宿管家的首要任务是为客户提供优质的服务。民宿管家应热情、友好，随时准备解答客人提出的问题，满足客人的需求。无论是旅游攻略的制定，还是当地美食和景点的推荐，民宿管家都需要心中有数，以提供给客人准确的信息。

2. 客房管理

客房是民宿的主要产品，管理客房是民宿管家的重要职责。民宿管家需要确保客房整洁、舒适，用品齐全，运转正常。此外，民宿管家还需定期检查房间的设施设备，出现问题及时维修或更换，保证客房处于良好的状态。

3. 清洁保养

除了日常的客房清洁，管家还需要负责民宿公共区域的清洁保养工作，包括公共卫生间、大厅、会议室、庭院等区域，制订并执行周期性的卫生工作计划。管家还需对清洁工作进行监督和指导，保证清洁卫生工作的质量和效率。

4. 安全管理

安全管理是民宿工作的重中之重。民宿管家需要加强安全巡视管理，确保民宿的消防设施齐全且处于有效状态，定期进行安全检查。同时，民宿管家还需对客人进行必要的安全提示，如告知客人火警逃生路线等。

5. 旅游咨询

民宿管家应熟悉当地的旅游资源，为客人提供详细的旅游攻略，以及各种旅行建议。通过自己的专业知识和经验，让客人更好地感受当地的风景和文化。

6. 客户关系维护

良好的客户关系是民宿成功的关键。民宿管家需要掌握一定的沟通技巧与服务心理学知识，通过良好的沟通和互动，与客人建立信任关系。客人结账离店后，还需定期进行回访，收集客人的反馈和建议，以便改进服务。

7. 财务管理

财务管理对民宿经营而言是一项非常重要的工作，民宿管家需要协助店长（民宿业主）进行日常财务管理工作，包括收入记录、支出管理、税务申报等。民宿管家还需根据财务数据进行分析，帮助店长（民宿业主）做出更好的经营决策。

从日常工作内容上看，民宿管家更像是一个"住宿后勤＋地接导游"，只不过住宿场景从酒店变成了民宿。优秀的民宿管家通常一人多职，既要掌握必需的服务技能，给客人提供独特且温馨的入住体验服务，还要具备一定的旅游策划能力、营销能力及审美能力，想要成为一名优秀的民宿管家，需要长时间地学习、实践与积累。

二、民宿管家的任职条件

民宿分乡村民宿与城市民宿，这两类民宿管家的任职要求各有侧重点。

乡村民宿，顾名思义，是指在乡村建立的具有乡村特色的房屋，可以是农民自用的，也可以是专为民宿经营而精心打造的空闲房屋。这类民宿是结合当地的人文底蕴、生活习俗以及自然环境，经民宿主人精心构思设计出来的。乡村民宿为人们体验乡村生活及品尝当地美食提供了一种独特的方式。但是，乡村民宿不是简单的"住宿＋餐饮"，更多的是利用当地的生态、旅游资源，为游客打造良好的旅游体验。总的来说，乡村民宿就是乡野间的微型旅馆、度假归隐的目的地。乡村民宿管家的主要职责包括为客人提供住宿、餐饮、活动体验等接待服务，参与民宿运营与管理。

城市民宿是指在城市中的民宿，主要由住宅小区房屋改造而成。城市民宿通常位于旅游城市，以及有一定文化底蕴的老城区或者经济发达的现代化都市。城市民宿能让游客体验当地风情，加深对城市的了解。城市民宿管家的主要职责包括接待客人、处理入住和退房以及民宿的清洁卫生和维护保养工作，为客人提供个性化的服务，处理客人投诉及各种突发情况。但随着科技的发展和智能门锁的普及，城市民宿大多为自助入住，民宿管家不必亲自接待，主要通过网络平台，尤其是微信这一主流工具，进行即时、便捷的信息交流。

下面列举两家民宿在网上发布的招聘条件。

甲民宿：

（1）性格外向，热情开朗，乐于助人。

（2）具备较强的学习能力、执行力、沟通能力，有韧性，抗压能力强。

（3）具有良好的客户服务意识，善于观察及应变，谈判协调能力佳。

（4）具有较强的独立工作能力和团队精神，善于协调内部及外部关系。

（5）熟悉酒店或民宿运营，有相关工作经验者为佳。

乙民宿：

（1）男女不限，形象气质佳，开朗、有学习意愿。

（2）具有较强的服务意识，能够站在客人的立场和角度提供优质的服务，责任心强。

（3）具有较强的沟通、协调和反应能力，能够妥善处理和客人之间产生的各类问题。

（4）了解当地文化，了解咖啡、茶的相关知识及操作，会拍照、有自媒体运营经验的优先考虑。

综合多家民宿的调研情况及多个招聘网对于民宿管家的招聘要求，民宿管家任职条件共性要求如下。

（1）有强烈的事业心和责任心，工作认真，讲究效率，坚持原则，不谋私利，处事公正。

（2）具备良好的服务意识和服务态度，工作积极主动，能吃苦耐劳。

（3）具备相关的民宿管理知识和技能，能够熟练使用各种管理工具和软件。

（4）具备良好的沟通、协调、应变能力及团队合作精神。

（5）具有中专及以上学历，专业不限，酒店管理、旅游管理专业优先。

（6）身体健康，精力充沛，仪表端庄。

同步案例

民宿管家日常工作

1. 掌握实时房态

房态通常是指民宿客房的占用或清理情况，是管家每日工作的重点关注对象。做好房态控制，既能保证客户体验，还有机会提升收益。管家需要随时关注预订/退订、入住/退房、换房、保洁等的最新变化，及时做好线上房态的变动调整，保证实际房态与OTA后台时刻保持一致。

大部分民宿都会使用酒店管理系统（PMS），通过这个系统可以同步管理多个平台的房态和房价，所以民宿管家需要熟练使用PMS，注意，即便是PMS进行了自动同步，也一定要进行人工二次确认，以确保万无一失。

2.提供贴心服务

民宿管家既不是简单的"前台"，也绝对不是"仆人"。从客人入住到退房如何掌握好服务的尺度，令客人有"宾至如归"的体验，这是每个民宿管家的必修课。

鉴于每家民宿的特性不同，管家的服务范围也会有不同，诸如：

（1）提前一天与客人确认行程，告知详细路线；

（2）若提供餐食，须提前与客人确认菜单，安排食材；

（3）约定入住时间之前，询问客人位置，提供指引或接送帮助；

（4）提前到门口迎接并帮助客人提行李，办理入住后将客人送到房间；

（5）与客人聊天，介绍民宿和周边景点的各种信息；

（6）询问客人用餐时间安排，提前准备餐食；

（7）询问客人是否需要叫醒服务，并按需求执行；

（8）提前一天提醒客人退房时间，主动询问是否续住；

（9）为客人办理退房，并送上伴手礼。

民宿管家的实际日常工作会比这些更加琐碎，但有一点是肯定的，就是管家服务的好坏，在一定程度上影响客人的满意度，以及再次入住的可能。

3.与客人保持沟通

通常客人在准备下单之前，就已经与民宿管家建立了联系，民宿管家需要事无巨细地回复关于民宿及客房的各种咨询问题；而且各OTA平台对及时回复率都有要求，会直接与房源评分挂钩，所以民宿管家要保证回复的时效性。

除此以外，在某些时刻管家还要主动将必要的信息发给客人，比如：

（1）当有新订单时，与客人确定时间、人数等预订信息；

（2）在客人入住前，发送门锁密码、路线指引等入住指南信息；

（3）在客人退房后，主动邀请客人写下入住体验并给予好评。

民宿管家不可能24小时守在电脑前面，即便使用PMS同步所有平台的咨询，回复起来也是非常耗时的。因此，民宿管家可以使用一些自动化工具，将客人的常见问题以及入住信息提前设置好，系统就会按照条件自动触发相应的回复；管家要做的，就是不定时地查看是否有需要人工补充的更深入的沟通。

4. 协调解决纠纷或投诉

民宿开门迎客，不可能事事随心，很难满足所有客人的需求，所以遇到纠纷和投诉也在所难免，民宿管家需要有能力从容应对并积极化解。

其实，大多数情况下，客人是不会无理取闹或故意刁难的，他们的不满往往是对产品和服务非常不满意，管家要敏锐地察觉客人的情绪和诉求，用温和妥帖的态度先进行安抚，然后积极用心地去帮客人解决问题或解释原因。

如果的确是因为自身原因，而当下又无法解决的，民宿管家要诚心向客人表示歉意，并提出有诚意的补偿。总之尽量不要让客人到平台上投诉或给出差评，因为此类行为对民宿的声誉及业务将造成不可忽视的负面影响。

5. 每日例行检查

虽然管家不用负责保洁工作，但还是要发挥监督作用。民宿管家需要在日常工作中扮演好监督者的角色并进行细致的检查，比如制定相应的检查表格，每天严格按照此表格执行检查任务。

作为民宿的重要的角色，民宿管家支撑着整个民宿的正常运作，因此，民宿管家需要合理安排自己的时间，使用高效的工具和科学的办法方能从容自如。

（资料来源：百居易民宿学习社）

思考：这个案例给你什么启示？

民宿管家任职条件调研

将全班同学分成五组，每组选择两家当地民宿及招聘网就民宿管家的招聘信息进行调研，分析民宿管家的任职条件并在全班分享，评价方式为组间互评和教师点评。

任务三　民宿管家职业素养

职业素养是指职业内在的规范和要求，是工作过程中表现出来的综合品质。

一、职业守则

民宿管家职业守则：遵纪守法、诚实守信，热情友好、宾客至上，文明礼貌、优质服务，团结合作、顾全大局，安全操作、注重环保。

（一）遵纪守法、诚实守信

遵纪守法、诚实守信是职业道德的一项重要规范，既是行政和法律规范的要求，又是道德规范的要求。作为行政和法律规范，遵纪守法、诚实守信是一种带有强制性的要求；作为道德规范，遵纪守法、诚实守信是一种自觉性的要求，而且是一种重要品德。从根本上讲，遵纪守法、诚实守信也是集体主义原则的一种体现。

政策法令是党和国家为实现一定历史时期的目标而确定的行动准则。对于民宿业来说，国家颁布的相关政策法令，必须严格遵守。诚实守信是处理民宿业与消费者之间实际利益关系的行为准则。民宿管家必须维护客人的实际利益，做到真诚相待、办事公道、讲究信用、信守合同、不弄虚作假、不欺骗或刁难客人。

案例分享

因天气原因未入住民宿，游客提出全额退款该如何解决？

（二）热情友好、宾客至上

热情友好是一种道德情感，它要求民宿管家在工作中投入积极的个人情感，对每一位客人心怀感激之情，主动热情、耐心周到地为客人提供优质服务，使客人从服务人员的一言一行、一举一动中深切感受到自己是受到欢迎的，得到了应有的尊重，从内心感受到轻松和愉悦。因此，一切以客人为中心、一切为客人着想、一切服务均为使客人满意，这是民宿管家应尽的职业责任和道德义务。

案例分享

突发因素民宿退订争议处理

民宿管家要始终怀揣对客人的高度热忱，以主动、热情、耐心及周到的服务，为客人带来美好的体验。在服务过程中，民宿管家应态度诚恳、热情大方、面带微笑，要有乐于助人、为客人着想、帮助客人排忧解难的精神，要做到"服务先行"，即在客人开口之前就已经预见并满足客人的潜在需要。主动迎送客人，并帮助客人提行李；主动与客人打招呼，语言亲切；主动向客人介绍民宿服务项目；主动为客人引路开门；主动为新到的客人带路；主动照顾老弱病残客人；主动征求客人的意见。

案例分享
Anli Fenxiang

生日快乐

天色已晚，陆先生夫妇结束行程，回到了所下榻的民宿。进入民宿大门的那一刻，他们感觉周围与之前有点不同：遇见的每一位民宿工作人员都朝他们亲切友好地微笑，但微笑中好像又带着点神秘色彩。

当陆先生夫妇打开房门惊喜地发现，房间的地上，一根根荧光棒巧妙地排列成"生日快乐"四个大字，茶几上，一大束百合花在荧光的映照下显得更加娇艳欲滴，桌上还有一个粉红色的大信封，封面上写着"陆先生亲启"。陆先生带着好奇与期待打开信封，里面是一张精美的生日贺卡，贺卡上写着"尊敬的陆先生，今天是您的生日，本民宿的全体员工祝您生日快乐、身体健康、事业顺利！"

"真没想到身在异乡还能收到生日祝福，而且还是意想不到的祝福！"陆先生夫妇很激动，也很开心。

（资料来源：作者自行整理）

点评：把客人当亲人，用心服务才能赢得客人的心。

（三）文明礼貌、优质服务

礼貌是人与人在接触交往中，表示敬重和友好的行为，它不仅体现了时代所倡导的风尚，也彰显了个人的道德品质，更是衡量一个人文化层次和文明程度的重要标尺。礼貌是一个人待人接物时的外在表现，这种外在表现通过仪表、仪容、仪态，以及语言和动作来体现。

服务人员的文明礼貌是指服务人员出于对客人的尊重，在服务中注重礼仪、礼节，讲究仪表、举止、语言，执行服务操作规范。具体而言，服务人员的文明礼貌体现在以下几个方面：举止大方，站立服务；表情真切，微笑服务；说话友善，敬语服务；态度和蔼，真诚服务。

优质的民宿服务围绕客人的"来—住—走"这一活动主线，主要要贯彻执行"迎、问、勤、洁、静、灵、听、送"的八字工作法。

1. 迎——礼貌大方，热烈迎客

客人来到民宿时民宿管家应主动迎接，这是对客人礼貌和敬意的展现，能给客人留下良好的第一印象。在热情迎客过程中，应注重以下几个方面的表现：一是举止大方、衣着整洁、精神饱满；二是态度和蔼、语言亲切、动作准确适当。

2. 问——热情好客，主动问好

客人住店过程中，民宿管家要热情待客，主动向客人问好，将客人当作自己的亲人，用心关怀和爱护，体现主人翁的责任感。

3. 勤——工作勤快，敏捷稳妥

勤是员工事业心和责任感的重要体现，要做到手勤、眼勤、嘴勤、腿勤。手勤就是要及时准确地完成工作任务；眼勤就是要注意观察客人的需求反应，有针对性地提供服务；嘴勤就是见了客人要主动打招呼，主动询问客人需求；腿勤就是要行动敏捷，不怕麻烦，提高服务效率。

4. 洁——保持清洁，做好卫生

清洁卫生是民宿客人的基本要求之一。清扫整理客房时要做到严格消毒，保证各种设备、用具和生活用品清洁。

5. 静——动作轻稳，保持安静

客房是客人休息或办公的场所，所以保持安静是优质服务的基本要求，民宿管家工作时要做到操作轻、说话轻、走路轻，不得大声喧哗、吵闹甚至唱歌。

6. 灵——灵活机动，应变力强

民宿管家必须具有较强的应变能力，在服务过程中根据客人的特点，采用灵活多样的服务，对动作迟缓、残障客人应特别照顾。

7. 听——眼观六路，耳听八方

民宿管家要随时留心客人情况，征求客人意见，一旦发现服务过程中的问题和不足之处要及时解决和弥补。

8. 送——送别客人，善始善终

客人离店既是民宿服务工作的结束，又是下一轮服务工作的开始。为了保证民宿服务工作取得良好的效果，给客人留下美好的回忆，同时也为了争取"回头客"，民宿管家必须重视送客工作，做好客人离店时的送别工作和离店后的善后工作。

（四）团结合作、顾全大局

民宿服务工作是一个有机的整体，并非民宿管家一个人做好就能完成的。因此，同事之间、上下级之间要相互理解、相互支持、团结协作、取长补短。民宿管家应严于律己、宽以待人，积极主动地为有需要的客人提供帮助。同时，还要注意掌握沟通和协作的技巧。

民宿虽在规模上不及大酒店，但其工作流程与服务内容同样繁复多样，在时间管理、空间利用和服务标准等方面的要求也较为严格，因而员工之间密切配合和相互支持就显得格外重要。员工需要相互关照，发扬风格，同心同德，做好工作。

（五）安全操作、注重环保

民宿管家在工作的过程中，必须严格遵守相关的安全规定，以杜绝安全事故。安全操作基本要求主要有以下几点。

（1）具有安全意识，防患于未然。

（2）正确使用民宿设施设备。

（3）有必要的保护措施，如工作手套、衣帽鞋具。

（4）熟练掌握各种应急处理方法。

环境保护工作对于民宿行业乃至全人类的生存和发展有着非常重要的意义。在环保意识日益加强的今天，民宿管家在日常工作中要始终高度重视并切实做好环境保护工作，从节约一滴水、一度电、一张纸、一粒米开始，清扫客房时注意回收可循环利用的物品、实施垃圾分类等，以实际行动减少资源浪费。

二、职业能力

民宿管家的职业能力主要包括以下几个方面。

（一）运营管理能力

运营管理能力涵盖了民宿经营的多个关键领域，具体包括民宿经营管理、客房管理、人员管理、财务管理等方面。

（二）对客服务能力

对客服务能力是一个综合性的概念，它涵盖了多个关键方面，为客人提供全面、优质的服务体验，具体包括接待服务、客房服务、餐饮服务、旅游服务等方面。

（三）设备维修保养能力

设备维修保养能力在民宿运营中至关重要，它具体体现为对民宿日常维护问题的敏锐察觉与高效解决能力，包括房屋的日常保洁工作以及损坏设施的迅速维修及保养等方面。

（四）市场营销能力

市场营销能力体现在能够了解民宿营销政策和策略，通过广告和推广引流，吸引更多的客人，提高民宿的预订率和入住率。

（五）客户关系能力

客户关系能力体现在能够给予客人热情周到的服务，解答客人提出的疑问，满足客人的需求，以客人为中心进行服务。

（六）沟通协调能力

沟通协调能力体现在能够有效进行内部和外部沟通协调，比如与房东协商、与线上旅游代理商（Online Travel Agency，OTA）沟通等。

 同步案例

帮客人修箱子

某村有一家民宿，刚入住的王先生向民宿管家小张求助：他随身携带的拉杆行李箱钥匙找不到了，无法打开箱子取出物件，王先生希望小张能帮忙把箱子打开。

小张了解情况后,立刻展现了民宿管家应有的热情与周到,请来了村里的锁匠李师傅。李师傅查看了客人手提箱后,与王先生商量对策,在尽量不损坏手提箱的情况下将箱子打开。

小张协助李师傅,用了不到10分钟的时间打开了行李箱,并且箱子没有丝毫损坏,王先生非常高兴。

(资料来源:作者自行整理)

思考:这个案例给你什么启示?

教学互动
Jiaoxue Hudong

下面是一则民宿管家招聘信息,请在此基础上分组讨论民宿管家岗位需要具备的职业能力。

岗位职责:

(1) 负责民宿前台的日常工作,包括前台迎宾接待及退房处理、客房设施介绍,以及规划客人周边游及用餐安排等。

(2) 熟悉民宿前台工作的日常流程及工作标准,负责有关住房、房价、餐厅服务设施的日常对客咨询及沟通。

(3) 负责日常后台PMS的更新及OTA后台的信息更新。

(4) 与客人保持良好的沟通,及时了解客人各方面的需求和意见并落实解决,协调内部其他部门人员共同为客人提供优质专业的管家服务。

(5) 及时有效地解决客人的投诉问题,协调处理民宿突发紧急状况。

岗位要求:

(1) 性格外向,热情开朗,乐于助人。

(2) 具备较强的学习能力、执行力、沟通能力,有韧性,抗压能力强。

(3) 具有良好的客户服务意识,善于观察及应变,谈判协调能力佳。

(4) 具有较强的独立工作能力和团队协作精神,善于协调内部及外部关系。

(5) 熟悉酒店、民宿运营工作,有相关工作经验者优先。

任务四　民宿管家成长之路

随着民宿行业的蓬勃发展,民宿管家新职业的兴起,这一趋势激发了各地对民宿旅游专业人才的渴求。

为规范民宿从业者的从业行为，引导职业教育培训的方向，为职业技能评价提供依据，2024年2月，人力资源和社会保障部、文化和旅游部联合颁布了《民宿管家国家职业标准（2024年版）》。该标准对民宿管家的职业活动内容进行了规范细致的描述，对各等级从业者的技能水平和理论知识水平进行了明确规定，并将该职业划分为五级/初级工、四级/中级工、三级/高级工、二级/技师、一级/高级技师五个等级。

《民宿管家国家职业标准（2024年版）》为行业优秀人才的评价提供了标准，为人才的选拔和培养提供了依据，该标准倡导民宿管家不断自我提升和学习，成为经验丰富并具有创新能力的高端服务人才。对消费者而言，也可以参照该等级评定标准，选择有专业能力和素养的民宿管家服务。

综上所述，民宿管家作为一个重要的职业，需要从业者掌握多种技能和知识。从业者可以通过参加和学习相关培训课程，提高自己的专业水平，为客人提供更好的服务。

一、民宿管家相关培训

民宿管家需要掌握多种技能和知识。通过参加相关的培训课程，民宿管家可以提高自己的专业水平，为客人提供更好的服务。

各地人力资源和社会保障部门、政府文化和旅游部门及专业培训机构近几年纷纷举办线下及线上培训班，以提升旅游民宿行业整体管理水平和服务质量，推进旅游民宿行业管理向制度化、规范化、标准化和高质量发展。

2021年1月，德清五四文化旅游实业有限公司和德清木亚文化旅游发展有限公司共同打造的莫干山民宿管家培训中心正式揭牌成立，培训中心设在莫干山镇，按照民宿标准建设，内部打造了红酒品鉴室、餐厅、咖啡吧、客房等区域，同时配备民宿行业及相关领域专家组成强优师资力量，为学员提供多方位优质的管家服务培训。

民宿管家职业技能课程主要包括清洁和保养技术、接待和沟通技巧、民宿设计和布置、营销和推广技巧、布草选购与管理（表1-1），其他课程还有氛围营造、礼仪接待、咖啡研磨、红酒品鉴、插花等。

表1-1 民宿管家职业技能课程

序号	课程	培训目标
1	清洁和保养技术	了解如何清洁和维护，学习如何清洁不同类型设施的表面、如何保养家具和设备，以及如何管理床上用品等
2	接待和沟通技巧	了解如何与客人沟通，如何解决客人的问题和需求，以及如何提供个性化的服务

续表

序号	课程	培训目标
3	民宿设计和布置	了解如何选择和安装家具、灯具、窗帘等,以及如何使用色彩和纹理来营造理想的氛围
4	营销和推广技巧	了解如何使用社交媒体、网络广告和口碑营销等方法来宣传民宿,以吸引更多的客人并提高入住率
5	布草选购与管理	了解布草相关知识,掌握布草日常洗涤及保管、使用、报损方法

民宿技能培训现场如图1-1、图1-2所示。

图1-1　民宿技能培训(技能演示)

图1-2　民宿技能培训(求知若渴)

二、民宿管家自我提升

(一)实践积累民宿技能

实践出真知。民宿管家需要通过实践,逐步积累管理民宿的经验,提升自己的专业知识与专业技能。

民宿管家的日常工作综合性强，除了提供基础的住宿服务，如办理入住、接待、清洁、安排用餐等，还要为住客规划出行线路、推荐游玩景点等。优秀的民宿管家大多是"多面手"，除了具有扎实的管理接待能力和深厚的文化底蕴，还应具备网络运维、传播推广和掌握市场行情的能力。"管理线上平台客户群，拍摄上传民宿图片吸引客源，利用直播、短视频等新媒体手段宣传，这些都十分考验民宿管家的综合能力。"一位民宿管家如是说。

（二）管家之间学习交流

"他山之石可以攻玉"，与其他民宿管家进行学习交流，分享经验和技巧，也是民宿管家成长的一个重要途径。下面介绍几位不同地区民宿管家的经验与体会。

例1：费先生2019年开始从事民宿管家这一职业。"本以为就是简单的住宿和餐饮管理，但接触以后发现跟我之前想的不太一样，最没想到的是还要学习并向客人讲解非遗相关知识。"费先生告诉记者，秀文斋是一家以"非遗＋民宿"为运营模式的省级五星级精品民宿，民宿内设有非遗工坊和印学博物馆，不少客人是被这里的手刻工艺品和非遗技艺吸引而来，所以民宿管家还要同时充当非遗讲解员和体验指导师。①

例2：宋女士来自山东某学院，专业是旅游管理。谈到来民宿实习的收获，她打开了话匣子："虽说学的是旅游管理，但在学校学的多是理论知识，只有到了景区，和游客接触，才能真正将理论联系实际。来这儿之后，我也变得开朗多啦，每天要接待许多住客，和他们打招呼，主动交流，这对我来说是很大的锻炼。"②

例3："不同类型的民宿管家有不同定位，乡村民宿管家更注重服务性。"在陈先生看来，乡村民宿管家的核心工作之一就是展示、传播当地文化，不管是哪种类型的民宿管家，都近乎"一人多能"，相当于结合了酒店接待员、服务员、酒店店长、总经理等多个岗位的职责。"热情、会沟通"是陈先生对一些优秀民宿管家的特质总结。"从事这个行业就是要跟人打交道，这些人包括民宿主人、居委会工作人员、民警及不同诉求的住客。"陈先生表示。③

---

① 资料摘编自《大众日报》。
② 资料摘编自《人民日报海外版》。
③ 资料摘编自《中国青年报》。

同步案例

民宿管家，真得会"十八般武艺"

天堂小镇是爱树打造的第一家民宿，2017年7月正式营业。那一年，乡村振兴成为热点，民宿作为乡村振兴"入口"成为焦点，民宿管家也成为回乡青年的首选职业之一。

刘许敏正是其中之一，天堂小镇开业后，刘许敏留守渡头村成为民宿管家。从一无所知到专业内行，他这样形容自己的职业：是专业服务员，更是全能服务员。

天堂小镇有6个客厅、24间客房，刘许敏忙碌且充实：早上7时开始，采购食材、巡视民宿、调配人员、确定早餐和午餐；中午12时开始，办理退房、做好"赶房"、迎接住客；下午3时开始，将客人用品拿到县城清洗，回来后准备晚餐、组织活动、打扫清理；晚上12点，清点完毕后了解第二天的预订情况，才能洗漱休息。

与酒店服务员相比，民宿管家需要掌握的技能更广泛更全面。除基本的客人接待、客房卫生服务，民宿管家需要了解在地文化，需要会讲故事、懂营销，有互联网思维，有审美、有才情。可以说，民宿管家是"百事通"，是"指挥家"，更是民宿的"IP"。

天堂小镇的客人主要是来自广深莞的年轻群体和家庭，消费能力强，到这里旅游更看重乡野静谧与情趣。刘许敏对渡头村一草一木非常熟悉，他与小伙伴一起，结合村里的人文和自然资源，绘制天堂小镇度假线路，制订民宿计划，开发周边产品，组织四季活动。

天堂小镇每年带动2万人次客流量，让曾经的"空心村"渐渐活起来。如今，渡头村增加了新建的农家乐、休闲栈道，破旧的祠堂、古堡得以修缮，周边农业休闲项目也在兴起。"疫情前，周末和节假日平均入住率达到八九成。"刘许敏说，疫情之后，民宿又迎来春暖花开，"今年春节，不少城里人到这里寻找彻底放松的春节假期，天堂小镇入住率超过五成。"

如今，刘许敏已成为天堂小镇"IP"之一：朴实、自然、轻松、温暖是这家民宿和这位民宿管家留给客人的深刻印象。同时，爱树民宿这一"IP"也吸引了不少年轻人加盟，1998年出生的小徐辞去市区的工作，选择到乡野当民宿管家，既是因为喜欢乡村环境，更是看好这份职业前景，"乡村文旅发展空间大，民宿管家大有可为。"

（资料来源：《惠州日报》）

思考：这个案例给你什么启示？

教学互动

民宿知识大比拼

全班同学分为4~5个小组，每组收集民宿相关知识，小组派代表演讲，进行比赛，评出前两名。评价方式为组间互评和教师点评。

项目小结

民宿管家是维系民宿与游客之间的纽带，民宿的服务质量和管理水平，直接影响着游客的旅游体验和对当地的印象。从目前全国各地民宿发展态势来看，高端化、专业化、品牌化的发展趋势渐显。民宿需要更多元、更优质的专业服务，需要大量的民宿管家人才。想要成为优秀的民宿管家，需要勤学习，提升自己的理论知识；多实践，提高自己的实战能力。

项目训练

一、知识训练

1. 请谈谈你对民宿管家这个职业的理解。
2. 民宿管家的岗位职责与工作内容有哪些？
3. 阅读和学习《民宿管家国家职业标准（2024年版）》，并撰写学习体会一篇。

二、能力训练

1. 走访在民宿工作的校友，与他们一起探讨如何成为一名优秀的民宿管家。
2. 分别调研城市民宿与乡村民宿，比较城市民宿与乡村民宿管家工作内容的异同。

项目二
民宿日常服务——有朋自远方来

 项目描述

民宿管家需要全面负责客人从预订到离店的一系列服务工作。民宿日常服务项目多、涉及范围广。本项目主要介绍民宿住宿服务、餐饮服务等相关技能与知识。民宿管家需要熟练掌握民宿日常服务的程序与标准,提供优质服务,才能让客人有宾至如归之感,提高客人的满意度。

 **项目目标**

知识目标

1. 掌握法律法规常识、旅行常识,以及地方政治经济概况和相关社会文化背景知识。
2. 掌握民宿住宿服务程序和标准。
3. 掌握民宿早餐、正餐服务程序和标准。
4. 掌握民宿茶艺服务程序和标准。

能力目标

1. 能提供民宿客房服务、餐饮服务等。
2. 能规范灵活做好民宿各项对客服务工作。
3. 能妥善处理民宿日常服务中的常见问题。

素养目标

1. 培养精益求精的劳动意识与工匠精神。
2. 培养良好的团队合作精神。
3. 培养创新意识与创新能力。

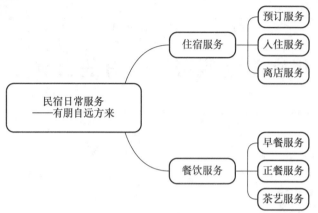

学习重点

1. 客房服务程序与标准。
2. 餐饮服务程序与标准。

学习难点

1. 民宿个性化服务。
2. 创新意识与创新能力的培养。

案例一

某民宿管家根据客人的预订信息了解到，客人是带孩子出来度假的一家三口，孩子最爱动画片《大头儿子和小头爸爸》，于是，管家小张对客房进行精心布置：床头放置了两个定制的卡通靠枕，床尾巾呼应主题图案，床头放置动画中的"父母"形象玩偶，与客人三口之家呼应（图2-1）。

图2-1　儿童客房布置(1)

儿童客房放置相关主题的地垫和小帐篷。整体颜色画面与主题相符合，帐篷旁边同样放置了一个"大头儿子"玩偶，与床头柜"父母"相呼应（图2-2）。

图2-2　儿童客房布置（2）

客人一进客房，即刻被"大头儿子和小头爸爸"主题氛围包围。房间里面的布置出乎他们意料，客人很惊喜，尤其是小朋友，特别开心。

案例二

某民宿管家浏览微信朋友圈时，看到入住客人发表的一条动态："带的相机坏了，我们毕业旅行的照片只能用手机凑合拍了。"后面附了一个大哭的表情。民宿管家看到后，立刻安排民宿里擅长摄影的员工，给两位客人免费拍摄了一组毕业旅行照片。

（资料来源：https://www.jdglrj.com/gl226/）

思考： 如何在规范化服务的基础上提供个性化服务，想客人之所想，急客人之所急，做客人之所需，赢得客人的好评？

任务一　住宿服务

住宿服务是民宿服务的重要组成部分，客人住民宿，主要是使用客房，住宿期间，客人不仅要求客房清洁、舒适，还要求提供相应的服务。

一、预订服务

（一）主动联系

确认客人订单后，民宿管家应在第一时间找到客人的联系方式，并添加客人微信。接着通过微信这一渠道，完成以下重要任务。

（1）告知客人已经预订成功。

（2）询问客人出行有关信息。客人出行有关信息主要包括：乘坐的交通工具与抵达时间，如乘坐火车、汽车、飞机还是自驾等，确认客人的抵达时间以做好相应准备；了解客人的出行目的，如是旅游观光还是休闲度假等；了解客人的结伴情况，如是独自出行，还是情侣、朋友、夫妻结伴出行，以及同行人中是否有小孩或者老人等。

（3）与客人进行有效沟通。对客人提出的要求要理解到位。如果客人自驾游，在客人入住前民宿管家需要发送一份清晰详尽的交通指南，以及关于当地天气的温馨提示。图2-3所示为常州某度假酒店的温馨提示，供参考。

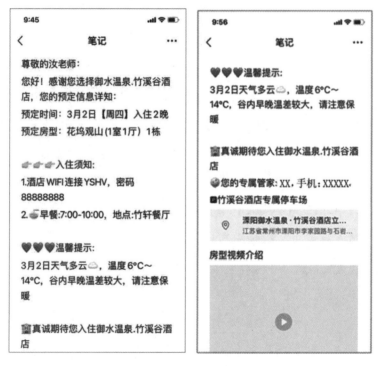

图 2-3　温馨提示

（二）提供针对性服务

民宿管家可以根据预订客人的不同情况，提供一系列针对性的安排。有老人、孩童随行的客人，尽量安排在靠近楼梯、光照好的房间，客房里提前准备一些儿童用品，如儿童图书、玩具等。对于情侣出行的客人，房间可以适当布置得浪漫一点。此外，还要考虑因飞机晚点而错过正常用餐时间的客人，民宿管家可以给客人准备一些小点心及地方特色美食，如赤豆元宵等。

旅游旺季民宿住客多，客人的要求相应也会增多，管家应将客人的要求记录在本子上，以防忘记或者遗漏，并根据客人要求和紧急程度一一解决。

如果有突发情况，应第一时间告知客人，下面分享一则某乡村民宿突发情况（突然停水）的处理方法（来自网评），供学习参考。

这家民宿是一个约有400年历史的房子，环境优美，坐落在小村古老的街道上，民宿正面朝向村子的上塘，房间卫生整洁。民宿的服务人员也非常热情。值得一提的是民宿管家和服务人员的担当精神，我们入住当天，自来水管道出现问题导致整个村以及旁边很多村落突然停水，对于突如其来的变故，他们及时通知所有即将入住及已入住的客人，让客人选择是否留下。对于留下的客人，他们积极寻找解决方案，最终决定将大的桶装水逐一送至每个房间，确保了客人在停水期间的正常生活用水需求。客人离开时，他们还送上了土鸡蛋表达歉意。

案例分享

两个关于入住前的比较案例

案例一

客人在某个平台上预订了甲民宿一间房。甲民宿的前台人员收到信息后，将客人的入住信息登记后就不再过问了。

案例二

客人在某OTA平台上预订了乙民宿一间客房。乙民宿的前台人员收到OTA后台信息后，将客人的入住信息登记下来。然后找到客人的电话号码，第一时间致电客人：首先欢迎客人预订并告诉客人已经预订成功；然后询问客人的情况，如几个人过来、是否带孩童或者有老人、有无特殊要求等；最后添加了客人的微信。并通过微信将民宿的地图及交通路线发给客人。同时，查询客人入住时的天气状况，并友情提醒客人。

（资料来源：https://www.sohu.com/a/238640633_554347）

点评：分析上面两个案例，甲民宿的前台人员是被动接收，对客人的信息了解有限。乙民宿的前台人员主动与客人沟通，了解客人更多的情况，提供更具针对性的服务。

二、入住服务

(一) 抵店服务

客人抵店时的迎接服务时间不长，影响却很大，往往会给客人留下深刻的印象，民宿管家需提供热情礼貌、主动周到的服务。

1. 迎客服务

迎客服务程序如表2-1所示。

表2-1 迎客服务程序

操作步骤	操作要领	质量标准
1. 迎接	面带微笑，目光平视前方，随时准备迎接客人的到来	精神饱满
2. 迎候	主动问候客人并进行自我介绍，视情况询问客人是否需要帮助提拿行李	热情礼貌，服务主动
3. 引领客人到民宿前台	(1) 在客人左前方或右前方约1米处引领客人，途中介绍民宿情况、当地风土人情，回答客人提出的问题； (2) 引领客人到前台办理入住登记手续	主动介绍、礼让客人

案例分享
Anli Fenxiang

位于浙江金华八卦村的一家民宿管家在村口接送服务，赢得了客人的好评，下面分享该民宿的两条好评。

网评一

这家民宿的管家待人非常热情，入住和离开都到村外接送我们，一路上帮忙拎箱子，帮我们买优惠票，告诉我们村里和附近好玩、好吃的地方，推荐的古城饭店和游埠老街果然都是棒棒哒！吃早餐的地方在花园里，虽然早餐品种不多，但挺好吃的，足见他们的用心。

网评二

超棒！到八卦村游玩，预订到这家，阿姨在村口接我们，民宿位于村子的正中心，购物、吃饭都很方便。民宿是安静的古宅，给我们带来不一样的享受，老板娘很热情，送来甜汤，消除了我们一天的疲劳，推荐哦！

点评：无论是职场中的面试、洽谈，还是日常生活中的约会，双方见面时的第一印象往往是最重要的。在服务业，第一印象带来的是客人良好口碑和再次光顾。管家在接待服务中要善于抓住机会，给客人留下最佳的第一印象。

2. 入住登记服务

入住登记服务程序如表 2-2 所示。

表 2-2　入住登记服务程序

操作步骤	操作要领	质量标准
1.问候客人	（1）员工热情友好地问候客人，向客人表示欢迎，主动为客人提供帮助； （2）主动确认客人姓名并称呼客人	迎接客人时热情主动
2.受理入住要求	（1）与客人确认房型与数量； （2）在最短时间内为客人办理完入住手续	促销意识强，房间分配准确
3.确认房费和付款方式	（1）办理入住手续时与客人确认房费； （2）确认客人的付款方式	及时确认
4.准备钥匙	（1）为客人准备钥匙（房卡）：如"×先生／女士，这是您的钥匙（房卡），您的房号是××"； （2）介绍早餐时间与地点："早餐时间是上午×时至×时，地点在××"	语言规范、操作规范
5.信息储存	（1）接待完成后，立即将所有相关信息录入电脑系统，具体包括客人姓名（含正确拼写）、地址、付款方式、国籍、离店日期等； （2）检查信息的正确性； （3）登记单存档，以便随时查询	输入及时，信息准确无误

管家办理入住登记如图 2-4 所示。

图 2-4　管家办理入住登记

3. 引领客人进房服务

引领客人进房服务程序如表2-3所示。

表2-3 引领客人进房程序

操作步骤	操作要领	质量标准
1.引领客人进房	（1）在客人左前方或右前方约1米处引领客人，途中介绍民宿情况，回答客人提出的问题； （2）到房门口后，告知客人这就是他们的房间，并使用客人的钥匙将房门打开； （3）打开房门后，退到门边，请客人先进	主动介绍、礼让客人
2.介绍房内设施设备	（1）视情况向客人简单介绍客房内的设施设备及其使用方法（如客人比较疲劳或是常客，则无须介绍）； （2）告知客人电话号码，以便客人有需要时及时联系； （3）祝客人住宿愉快，随后面向客人关上房门，退出房间	介绍恰到好处，重点介绍客房的特色及智能化设备
3.做好记录	按照要求在民宿管家服务日报表上做好记录	记录及时、准确

民宿管家服务日报表如表2-4所示。

表2-4 民宿管家服务日报表   日期： 年 月 日

项目	内容	备注	签名
迎送客人			
客房服务			
客人拜访			
投诉处理			
其他工作			

（二）住店服务

客人住店期间，服务内容涉及面较广，要使客人住得满意，民宿管家必须善于察言观色，做有心人，认真做好每一项服务工作。

1. 送茶、饮料服务

送茶、饮料服务是住店日常服务中频次较高的服务工作，需要民宿工作人员认真仔细地完成。

送茶服务程序和送饮料服务程序分别如表2-5和表2-6所示。

表2-5 送茶服务程序

操作步骤	操作要领	质量标准
1.准备	（1）接到送茶水服务请求时，先询问清楚客人所需茶水数量，以及选择的茶水种类（民宿常备红茶、花茶和绿茶），记清客人房号； （2）在最短的时间内做好准备，泡好茶，盖上杯盖，将泡好茶的茶杯放在托盘内	（1）问清要求； （2）茶具干净，无破损，茶叶适量，开水冲泡，七成满即可
2.进入客房	按进房程序进入客房	规范操作
3.上茶	（1）按先宾后主或先女宾后男宾的顺序将茶水端放在客人方便拿取的地方，如茶几、床头柜、梳妆台上等，视客人坐的位置而定； （2）从托盘内取出茶水时应先取外层的，再拿靠内侧的，同时说："先生／女士，请用茶。"	（1）轻拿轻放； （2）使用礼貌用语
4.结束语	茶水全部放下后，询问客人是否还有其他需求	主动征求客人意见
5.离房	离开房间，轻轻关上房门	礼貌告退

表2-6 送饮料服务程序

操作步骤	操作要领	质量标准
1.准备	（1）接到送饮料服务请求时，询问清楚饮料品种、数量，以及是否需要加冰块等，记清客人房号； （2）在最短的时间内做好准备，将饮料、杯子、冰桶放在托盘内	（1）问清要求； （2）杯具干净
2.进入客房	按进房程序进入客房	规范操作
3.上饮料	按先宾后主或先女宾后男宾的顺序将饮料放在客人方便拿取的地方，如茶几、床头柜、梳妆台等，随后征求客人意见，倒上饮料，加入冰块	（1）动作要轻； （2）使用礼貌用语
4.结束语	询问客人是否还有其他需求	主动征求客人意见
5.离房	离开房间，轻轻关上房门	礼貌告退

注意事项：

（1）无论送几杯茶、几听饮料都要使用托盘。

（2）托盘方法一定要正确，防止泼洒。

（3）根据客人情况，确定是否在送茶/饮料时，同时送上热毛巾。

2. 加床服务及婴儿床服务程序

加床服务是民宿提供的服务项目之一。加床类型包括成人床与婴儿床，加成人床一般需要收费。通常民宿根据客房数量预先准备适量的折叠床与婴儿床。

加床服务程序如表2-7所示，婴儿床服务程序如表2-8所示。

表2-7 加床服务程序

操作步骤	操作要领	质量标准
1.做好记录	接到加床服务通知后，在工作单上做好记录	记录及时准确
2.准备物品	将添加的物品送至客房： （1）如客人在房内，主动询问客人要求，并按客人要求摆放好加床； （2）如客人无特别要求，将加床放在规定的位置	物品配备齐全
3.铺床	按铺床程序铺好床	床铺美观整洁
4.添补用品	按要求添补杯具、茶叶及卫生间客用消耗品	物品添补齐全
5.关门离房	将房门轻轻关上	礼貌告退
6.填写报表	按要求在民宿管家服务日报表上做好记录	填写及时、准确

表2-8 婴儿床服务程序

操作步骤	操作要领	质量标准
1.做好记录	接到提供婴儿床服务通知后，立即做好记录	记录及时准确
2.加放婴儿床	（1）将婴儿床放在房间适当的位置； （2）按要求铺床	铺床美观整洁
3.补充客用品	提供婴儿床服务的客房应增加以下客用品： 儿童香皂　1块 沐浴液　　1瓶 小方巾　　1条 洗脸巾　　1条 儿童牙具　1套 儿童拖鞋　1双	客用品补充齐全，摆放在规定位置
4.填写日报表	按要求在民宿管家服务日报表上做好记录	填写及时、准确

3. 开夜床服务

一些高端的民宿晚间提供开夜床服务。开夜床服务是一种高雅而又亲切的对客服务形式，其目的是为客人营造一个惬意而舒适的休息和睡眠环境。开夜床服务通常包括三项工作：房间整理、开夜床、卫生间整理。开夜床的时间通常安排在17时至21时，最好是在客人用晚餐时进行。

开夜床服务程序如表2-9所示。

表2-9 开夜床服务程序

操作步骤	操作要领	质量标准
1.进入客房	(1)按进房程序进入客房； (2)如客房门口挂有"请勿打扰"标志,不能进房	避免打扰客人
2.开灯	逐一开启房间的灯具,检查其是否能正常工作	保证灯具完好且能正常使用
3.拉窗帘	拉上厚薄两层窗帘	窗帘需完全合拢
4.开夜床	(1)双床房,一人住,一般开靠近卫生间那张床的靠床头柜一侧；两人住,开各自靠床头柜的一侧； (2)大床房,一人住,开有电话的床头柜一侧；两人住,开各自靠床头柜的一侧	折角开向床头柜
5.放置晚安卡等物品	将晚安卡、遥控器、拖鞋放在规定的位置	方便客人使用
6.打开电视开关	检查电视声音是否正常,影像是否清晰,并将其调至规定的频道	(1)电视机使用正常； (2)音量适中
7.收集烟灰缸及杯具	(1)将用过的烟灰缸放入卫生间备洗； (2)杯具最好采用更换的方式	杯具消毒处理
8.收集垃圾	(1)收集房内垃圾,将垃圾倒入大垃圾袋内； (2)清洁垃圾桶,更换垃圾袋	严格遵循并执行民宿关于节能降耗的质量标准
9.整理客房	整理客房,将凌乱的物品归位	房间美观整洁
10.补充用品	(1)补充房间客用消耗品； (2)如有加床,需按规定添加客用物品	用品齐全
11.整理卫生间	(1)清洗用过的烟灰缸等器皿,擦干后归位； (2)清洁客人用过的洁具； (3)补充卫生间消耗品	卫生间整洁无异味,用品齐全
12.自我检查	检查是否有遗漏之处	确保卫生质量
13.关灯离房	(1)客人不在房间时,关灯(保留床头灯、走廊灯),关门离房； (2)客人在房间时,礼貌地向客人道晚安后退出房间	确保房门锁好
14.填写日报表	按要求填写民宿管家服务日报表	填写及时、准确

4.租借物品服务

民宿的特色是什么？那就是"贴心！贴心！再贴心！"除了提供最基本的住宿设施，民宿还需准备一些常用物品租借给客人，以满足客人的多样化需求。客人可以租借的物品有电熨斗、熨衣板、数据线、转换插座、婴儿澡盆、防过敏枕头、被子、文具用品等，另外，民宿还应特别考虑女性客人的需要，准备一些如卫生巾、卸妆水或者卸妆油等用品。

租借物品服务程序如表2-10所示。物品借用单如图2-5所示。

表 2-10 租借物品服务程序

操作步骤	操作要领	质量标准
1. 做好记录	问清客人需要租借物品的名称，在民宿管家服务日报表上注明物品名称、编号和租借时间	记录及时、准确
2. 将物品送进客房	（1）将客人需租借的物品送至客人房间； （2）根据情况向客人演示物品的使用方法	服务快捷、演示正确
3. 填表	填写物品借用单（图2-5）	及时、准确
4. 收回被租借的物品	在归还时间临近之际，通过电话主动与客人联系，礼貌询问客人是否继续使用，得到客人不需要继续使用的回复后，前往该房收回租借物品	（1）注意语言技巧； （2）物品检查完好
5. 清洁、消毒租借物品	将租借物品进行清洁、消毒后，放回原处	保证物品卫生

```
物品借用单
房号_____           客人姓名_____
借用日期_____        借用时间_____
借用物品_____        离店日期_____

尊敬的宾客：
   请您借用_____小时后致电前台，电话分机"1"，
以便我们前来收回物品，谢谢。


客人签名_____
管   家_____
```

图 2-5 物品借用单示例

5. 清扫服务

客房是民宿的主要产品，是客人停留时间最长的区域。民宿需要提供优质的客房清扫服务。民宿管家应熟悉民宿客房清扫程序、卫生标准，做好客房质量检查工作，确保客房的舒适度和清洁度，从而保证民宿产品质量。

客房清扫程序如表2-11所示。

表 2-11 客房清扫程序

操作步骤	操作要领	质量标准
1.进入客房	按进房程序进入客房	操作规范
2.检查电源开关	(1)检查灯具有无损坏； (2)关闭多余的灯	发现损坏灯具及时修理或者更换
3.打开窗户或开空调	打开窗户,注意风沙大或阴雨天不要开窗；确保空调通风系统调至规定的挡位	客房内空气清新、无异味
4.拉开窗帘	厚薄两层窗帘都要拉开	窗帘挂钩无脱落
5.检查客房	检查客房是否有异常情况	有异常情况及时报告
6.收集烟灰缸及杯具	(1)将用过的烟灰缸放入卫生间备洗； (2)更换杯具	更换卫生、时效高
7.收集垃圾	(1)撤出垃圾； (2)清洁垃圾桶； (3)更换垃圾袋	严格执行民宿节能降耗的相关标准
8.撤床	按撤床程序撤床	动作快捷
9.铺床	按铺床程序铺床	床铺美观平整
10.清洁卫生间	按卫生间清扫程序打扫卫生间	卫生间清洁、无异味
11.除尘除迹	(1)按同一方向顺序,从上至下、从里至外擦拭房间浮灰； (2)逐项检查设备是否完好,若有损坏,立即报告； (3)记住需更换或补充的客用品； (4)特别注意抽屉、衣橱的清洁	(1)边角处无遗漏； (2)干湿布分开使用； (3)彻底清洁
12.补充房间用品	根据民宿规定的房间用品数量及摆放位置补充用品	一次性补齐放好
13.清洁地面	(1)用专用拖把由里到外清洁地面； (2)一边清洁一边调整家具； (3)注意边角处； (4)如果是地毯,则需用吸尘器吸尘	使用快干式拖把； 地面干净无杂物
14.拉窗帘	轻轻将纱窗帘拉上,将遮光窗帘拉至刚好遮住窗框的位置	纱窗帘合拢
15.自我检查	环视客房,检查是否有遗漏之处	确保客房清扫质量
16.关窗或调空调	(1)将空调调至民宿规定的温度； (2)若客人在房间内则需先征求客人的意见	温度适宜
17.关门离房	(1)关灯后退出房间,关上房门； (2)客人在房,须先礼貌向客人道别,然后退出房间,关上房门	确保房门锁上
18.填写工作表单	按要求逐项填好客房清扫日报表	填写及时、准确

客房清扫日报表如表2-12所示。

表2-12 客房清扫日报表

日期　月　日　　服务员

房号	状况	人数	清扫时间		维修项目	备注
			入	出		

注意事项：

（1）尽量避免打扰客人，最好在客人外出时打扫，或者根据客人的特别吩咐去做。

（2）先清理客房卧室，再清理卫生间。

（3）客房内的抽屉无须抽出清洁；衣橱平时只需做表面清洁，以免引起客人误会。

（4）小心整理客人物品，尽量不触动客人的物品，尤其是钱包、首饰等贵重物品。

（5）除放在垃圾桶里的东西外，客人的物品也只能替客人进行简单整理，切勿自行处理。

清扫整理后的客房如图2-6所示。

图2-6　清扫整理后的客房

值得注意的是，清扫之前进入客房也有一定的程序，具体如表2-13所示。

表2-13 进入客房程序

操作步骤	操作要领	质量标准
1.观察门外情况	(1)观察房门上有无"请勿打扰"的标牌，若有，则不能敲门； (2)留意房间是否有客人在的迹象，判断客人是否允许进房	避免打扰客人
2.第一次敲门（按门铃）	(1)站立在房门前适当位置，姿势要规范； (2)敲门时以左手或右手的中指关节在门上轻敲三下； (3)敲门时力度适当，声响适度，节奏适中	(1)用敲门声通报客人； (2)不能连续敲门
3.第一次等候	(1)敲门后注意客房内有无发问声，如客人问："谁？"可回答"服务员，可以进来吗？"说话声音平稳、清晰 (2)若房内无发问声，等候3~5秒钟，第二次敲门	(1)切勿立即开门； (2)给客人反应或准备时间
4.第二次敲门（按门铃）	(1)第二次敲门（按门铃）与第一次敲门（按门铃）应间隔3~5秒钟； (2)第二次敲门方法同第一次，只是敲门力度适当加重一些	不能连续敲门（按门铃）
5.第二次等候	同第一次等候	给客人留有充足的时间准备
6.开门通报	(1)将门打开一条缝隙，随后在门上轻敲三下； (2)自报家门，征求客人意见，如"早上好，我是服务员，可以进来吗？"说话声音平稳、清晰	(1)通知客人你已进房； (2)开门后发现客人在睡觉或洗漱，则不能进房
7.进入客房	(1)将门打开并靠定； (2)轻步进入客房	开门勿用力过猛

注意事项：

客房出租给客人后，其使用权就是客人的，员工若非因工作需要，不能随意进入客房。如工作需要，也需先敲门（按门铃）通报。

铺床操作程序如表2-14所示。

表2-14 铺床操作程序

操作步骤	操作要领	质量标准
1.整理床垫	(1)将床垫放平，留意床垫角落所做标记是否符合本季度标记； (2)注意床垫的保护垫是否干净、平整，四角松紧带是否套牢在床垫四角	保护垫干净、平整，有污染及时更换

续表

操作步骤	操作要领	质量标准
2.抛单	站在床侧(或床尾)甩单,将折叠的床单正面朝上,两手分开,用拇指和食指捏住第一层,其余三指托住后三层,将床单向前抖开,待其落下时,利用空气浮力调整好位置	床单正面朝上,中折线居中,两侧下垂长度均等
3.包边包角	用直角手法包紧床头、床尾四角,将床单塞至床垫下面	四角角式角度一致,包角均匀紧密
4.套被套	(1)将被套打开; (2)将被子两头分别塞入被套的两个角并整理好; (3)将被子剩余两头也塞入被套内; (4)抖动被子,使其完全平铺在床垫上,确保被子两侧下垂长度均等; (5)将被头反折约45厘米,确保被套的开口处在床尾	(1)被套四角饱满、平整; (2)被面平整、美观
5.套枕套	将枕芯塞入枕套	枕头四角饱满
6.放枕头	将枕头放在与床头平齐的位置,与床两侧距离相等	居中摆放,外形平整
7.放背靠垫及床尾巾	将背靠垫放在床头,床尾巾放在床尾	摆放美观

撤床操作程序如表2-15所示。

表2-15　撤床操作程序

操作步骤	操作要领	质量标准
1.卸下枕套	(1)双手执枕头套角,将枕芯抖出; (2)操作时注意检查有无夹带客人物品; (3)检查枕芯是否干净,随脏随洗	保持枕芯干净
2.卸下被子	一手执被套,另一手拿住被芯,将被芯从被套中抽出	勿用力过猛
3.撤床单	(1)将床单四个角拉出,拆下床单; (2)注意检查床垫保护垫是否干净,随脏随洗	床垫保护垫干净、平整
4.收脏布草	将撤下的脏布草放入布草车中	脏布草不能放在地上

注意事项:

铺床时确保棉织品干净,铺床操作规范、动作利落;撤床时需特别留意枕套、床单、被套是否夹带客人物品。

卫生间清扫整理程序如表2-16所示。

裹在床单内的小挂件

表 2-16 卫生间清扫整理程序

操作步骤	操作要领	质量标准
1.开灯，准备清扫	(1)检查灯具有无损坏； (2)清洁篮放在卫生间适当之处	(1)灯具完好； (2)方便操作
2.坐便器放水	(1)掀起坐便器盖板,轻按放水掣； (2)待水抽完后,喷适量清洁剂在坐便器中	清洁剂充分溶于水中
3.收集垃圾	(1)撤出垃圾； (2)清洁垃圾桶； (3)更换垃圾袋	严格执行民宿节能降耗的标准
4.收脏布草	撤走用过的脏布草,放入布草车内	脏布草不放在地上
5.清洗烟灰缸、皂碟	用清水将烟灰缸、皂碟冲洗干净并擦干	清洗干净、擦干
6.清洁洗脸盆及大理石台面、金属器件	(1)先用湿抹布擦洗,再用干抹布擦干； (2)注意洗脸盆下水塞、下水口的清洁	无污迹、无水迹,光亮
7.清洗淋浴房	(1)用温水冲洗淋浴房玻璃及玻璃门； (2)用玻璃刮从玻璃的上部开始,自上而下地擦拭玻璃表面,先从左至右擦洗,然后反向,从右到左,直至擦洗到玻璃底部,必要时使用玻璃清洁剂； (3)用温水冲洗淋浴房墙壁,用海绵块蘸少许中性清洁剂擦除金属器件的皂垢、水斑； (4)将墙壁和金属器件用干抹布擦干、擦亮； (5)用专用抹布擦净淋浴房地面	(1)无污迹、无水迹； (2)设备完好有效
8.清洗浴缸	(1)关闭浴缸活塞； (2)将少量热水和清洁剂放入浴缸,用浴缸刷清洗浴缸内外、墙壁、浴帘、金属器件； (3)打开活塞,放走污水； (4)用温水冲洗墙壁、浴缸,抹布擦干、擦净	(1)无污迹、无水迹； (2)设备完好有效
9.清洗坐便器	(1)用专用刷子刷洗坐便器内壁并冲洗干净； (2)用专用抹布将坐便器内外壁及盖板擦干擦净	使用专用清洁工具、抹布清洁坐便器
10.除尘除迹	(1)用干抹布将洗脸台四周瓷壁擦干擦净； (2)用湿抹布擦拭镜面,再用干抹布擦净擦亮	边角处无遗漏
11.补充毛巾	补充干净毛巾,并按规定折叠、摆放	补充齐全
12.补充用品	将用品按规定补齐,摆放整齐	一次性补齐放好
13.擦拭地面	(1)用专用抹布从里到外,沿墙角平行擦拭整个卫生间地面； (2)注意边角和地漏处的清洁,确保无遗漏	地面洁净
14.吸尘	用吸尘器从里到外吸尘	地面干净无杂物
15.自我检查	检查是否有遗漏之处	保证卫生质量

续表

操作步骤	操作要领	质量标准
16.关灯关门	(1)将卫生间门虚掩(留一个拳头空隙); (2)撤走清洁用具	便于卫生间通风透气

注意事项:

卫生间的清洁卫生是客人特别注重的。因此,在进行卫生间的清扫时,抹布须分开使用。另外,地漏和下水塞容易藏污纳垢,须每天洗刷干净。

干净整洁的民宿卫生间如图2-7所示。

图2-7　干净整洁的民宿卫生间

案例分享
Anli Fenxiang

来自民宿管家的声音

忙完早餐的准备工作自然就是准备接待客人了,等保洁人员做完基础的打扫工作之后,民宿管家需要在客人到来之前再次细致地检查房间,确保符合标准要求,如从房间是否有灰尘,到床单、被套、浴巾等是否整洁干净,再到是否有蚊虫,以及必需品是否齐备、物品摆放是否美观等,每一项细节都不可忽视。特别是马桶卫生情况,民宿管家会逐一掀开马桶盖仔细检查,确保干净、无异味,力求每一位入住的客人都能感受到专业的服务,使客人有宾至如归之感。

夏天、冬天或是比较潮湿的日子,民宿管家会提前为客人关好窗,开好空调或是暖气,让客人一进入房间就能感受到舒适与惬意。

如果遇到客满的情况,午餐时间往往无法固定。民宿管家有时还需要帮助保洁人员打扫房间卫生,几乎所有的活全做齐了……

（资料来源：今日头条）

点评：复杂的事情简单做、简单的事情重复做、重复的事情用心做，精益求精、追求极致，才能成为一名优秀的民宿管家。

三、离店服务

客人离店服务主要有退房提醒服务、结账服务、送客服务等，做好离店服务的相关工作，可以给客人留下良好的印象。

（一）退房提醒服务

对于预期当天离店的客人，民宿管家通常会在当天上午发送一条温馨的退房提醒短信，以使退房流程顺畅，避免退房时出现麻烦。温馨短信内容可参照下文：

[温馨提示]亲爱的家人：您的退房时间为今天中午12时前。延迟退房会产生费用。如需续住，请在中午12时前到前台办理续住手续。感谢您的理解与配合。退房时请仔细整理自己的随身物品，以免遗忘。请妥善保管好您的贵重物品或将行李寄存在前台。

（二）结账服务

结账服务程序如表2-17所示。

表2-17 结账服务程序

操作步骤	操作要领	质量标准
1.接到客人离店结账信息	主动问候,核对退房客人姓名、房号,并回收钥匙（房卡）	热情、礼貌
2.取出账单	（1）同行客人结账,将一起结账的房间转入同一房间或同一账号,点击总账打印账单并检查同行房号,以免漏结； （2）取出客人账单； （3）核对押金单号、金额； （4）询问客人结账方式	账单核对准确无误
3.结账服务	（1）客人核对账单无误后,在电脑系统中给客人做结账； （2）若客人采用现金结账,将开启的发票及找零一起递交客人； （3）若客人采用信用卡结账,则按程序刷卡入账； （4）若客人采用微信、支付宝结账,则在手机上确认钱款是否到账	正确运用各种结账方式,结账手续完善

续表

操作步骤	操作要领	质量标准
4.呈递发票	(1)呈递发票给客人； (2)结账手续办理完毕，向客人致谢，欢迎客人再次光临	使用礼貌敬语，双手递呈

（三）送客服务

送客服务是民宿住宿服务过程的最后一个环节。细致周到的送客服务能给客人留下好的印象，使客人高兴而来，满意而归。

1.送别服务

送别服务程序如表2-18所示。

表2-18 送别服务程序

操作步骤	操作要领	质量标准
1.准备工作	(1)掌握客人离店准确时间； (2)主动询问客人离店前是否有需要协助办理的事项，如是否要帮助整理行李等； (3)征求即将离店客人的反馈意见，并提醒客人检查好自己的行李物品	准备工作充分，待办事项落实
2.送别客人	(1)协助客人搬运行李； (2)主动热情地将客人送到民宿门口或停车场，使用敬语向客人告别	主动热情，礼貌周到
3.结束工作	适时发送短信询问客人是否安全到达，欢迎客人再次入住	主动礼貌，给客人留下良好印象

2.走客房检查

走客房检查程序如表2-19所示。

表2-19 走客房检查程序

步骤	操作要领	质量标准
1.进房	按照进入客房的程序进房	操作规范
2.检查小冰箱、吧台	检查小冰箱、吧台，查看客人是否有消费	仔细检查，及时报告
3.检查卧室	按照顺时针或逆时针方向，从里到外、从上到下进行检查，尤其是床底下、枕头边、抽屉等处，检查是否有客人的遗留物品，以及设备用品是否存在损坏及短缺的情况	仔细检查，及时报告
4.检查卫生间	检查是否有客人的遗留物品，以及设备用品是否存在损坏及短缺的情况	仔细检查，及时报告

续表

步骤	操作要领	质量标准
5.报告	(1)发现有消耗或物品短缺的情况及时报告前台; (2)发现客人的遗留物品,应及时与前台联系,将物品交还客人,如果客人已经离店,则应及时上交	及时报告

3.客人遗留物品处理

客人遗留物品处理程序如表2-20所示。

表2-20 客人遗留物品处理程序

操作步骤	操作要领	质量标准
1.检查及报告	检查走客房时发现客人的遗留物品,应及时与前台联系,将物品交还客人,如果客人已经离店,则应及时上交	仔细检查,及时报告
2.登记	前台员工收到客人的遗留物品时,将相关信息记录在遗留物品拾获记录表上,写明拾获日期、地点、物品名称、拾获者姓名	记录及时、准确
3.分类	遗留物品可分两类: (1)贵重物品,如手机、珠宝、手表、商务资料、身份证、回乡证、护照等; (2)非贵重物品,如眼镜、毛巾等日常用品等	分类清楚
4.保管	(1)所有的客人遗留物品都必须保存在失物储藏柜中; (2)贵重物品与非贵重物品分开存放,贵重物品应有专人管理	妥善保管,避免丢失
5.认领	(1)如有失主认领遗留物品,需验明其证件,领取人需要在遗留物品登记本上写明工作单位并签名,领取人领取贵重物品时需留有领取人身份证件的影印件,由民宿管家或者店长在现场监督、签字,以备查核; (2)若客人打电话来寻找遗留物品,需问清情况并积极查询。若遗留物品与客人所述相符,则要问清客人来领取的时间,若客人表示不能立即来取,则应把该物品转放入"待取柜"中,并在记录本上记录下来,并逐日交班,直到取走为止	认领手续齐全

遗留物品拾获记录表如表2-21所示。

表 2-21　遗留物品拾获记录表

房号		客人姓名	
入住日期、时间		退房日期、时间	
物品名称		数量	
拾物位置		拾获人签名	
拾物日期、时间		楼层保留时间	
备注			

注意事项：

（1）制定遗留物品管理制度，统一规范管理。

（2）通常由前台负责遗留物品的登记和保管工作，前台人员要定期进行清点和整理。

（3）配备必要的储存柜，分类存放遗留物品。

（4）确定保管期。民宿应对遗留物品的保管期及过保管期后的处理方式做出明确规定。

 同步案例

客人的新茶给倒了

某民宿在晚上接到 201 客房住客的电话投诉。住客反映，他上午出去时沏好的一杯茶，晚上想喝的时候却发现没有了。原来客房服务员当天清扫房间时，发现茶杯中有袋装茶泡的茶水，以为是客人喝剩下的茶水，就给倒掉了，随后换上了消过毒的干净杯子。据这位客人说，这是他用自带的名贵茶叶沏的茶水，还没来得及喝就被服务员无意中给倒掉了，这种茶价格贵，给客人造成了一定的经济损失。

服务无小事，事事需用心。本案例中的服务员由于工作疏忽，将客人自带的袋装茶倒掉致使客人投诉。按照客房清洁的要求，服务员在清扫客房卫生时，需将客人用过的茶饮具从客房内撤出，换上经过消毒的干净饮具。但应注意：如杯中有客人自带茶叶沏的茶水，则不能将客人的杯子撤掉。

一些民宿准备了"如果需要保留，请放置此指示卡"的提示牌，如客人杯内的茶水或其他饮品需要保留，可放置提示牌，客房服务员看到后就不会处理，这种做法值得借鉴。

（资料来源：作者自行整理）

思考：这个案例给你什么启示？

教学互动

Jiaoxue Hudong

1. 利用双休日、节假日到民宿见习，整理一套客房清扫整理的程序及标准。

2. 主题活动："我爱我家"——以宿舍为单位，分组进行宿舍清扫整理，整理一套宿舍清扫整理的程序、质量标准、物品摆放标准及检查标准。

任务二 餐饮服务

民以食为天。如今很多住客对民宿的评价中，除了服务、环境方面的评价外，美食也是很重要的一个方面。因此餐饮服务是民宿服务的一项重要工作。除了早餐服务、茶水服务，一些民宿还提供正餐（简餐）服务、咖啡服务、茶艺服务、水果现榨服务等。

民宿套餐菜单示例如图2-8所示。

图2-8　民宿套餐菜单示例

一、早餐服务

提供一份有仪式感的早餐,是赢得客人好感的关键环节之一。民宿早餐大多为自助餐或简单的套餐,民宿店长或管家需要制定早餐提供时间表、早餐提供的食品、饮料种类。

(一)自助早餐服务

自助早餐餐前准备工作如表2-22所示。

表2-22 自助早餐餐前准备工作

操作步骤	操作要领	质量标准
1.了解客情	了解当天早餐预计人数	及时准确
2.摆放早餐指示牌	将早餐指示牌摆放在餐厅门前适当位置	放置位置醒目
3.开门、开窗	(1)天气晴好时,开门、开窗通风透气; (2)打开空调	(1)开门、开窗时注意确保门纱与窗纱闭合; (2)开空调注意关上所有窗户
4.检查餐厅卫生情况,准备餐具	(1)检查餐厅卫生情况; (2)检查早餐台卫生情况; (3)准备各式餐具	检查仔细认真,确保用餐环境良好,尤其是早餐台清洁、卫生
5.预热	打开粥桶、恒温炉、热水器、蒸笼电源,提前预热	保持一定温度
6.调配各式冷热饮	(1)调配出品各式冷热饮,包括柠檬水、红茶、绿茶、咖啡、豆浆等; (2)豆浆和咖啡旁准备糖盅、搅拌棒	根据标准比例调配
7.摆放菜品	(1)将冷菜、热菜、点心、粥类等食品依次摆放在规定的位置; (2)所有菜品配备相应的餐夹、公勺	(1)菜品、点心摆盘美观; (2)热菜保温; (3)粥桶外围干净
8.结束工作	检查仪容仪表及早餐准备工作	仪容仪表整洁得体,餐前准备工作充分准备

自助早餐服务程序如表2-23所示。

表2-23 自助早餐服务程序

操作步骤	操作要领	质量标准
1.欢迎客人	客人到餐厅时,主动问候客人:"早上好,欢迎光临!"	礼貌用语,热情友好

续表

操作步骤	操作要领	质量标准
2.提供服务	（1）客人开始取自助餐时,打开所有保温护盖,指引客人拿取餐碟； （2）巡视餐台,随时注意所有菜的剩余分量； （3）如客人告知需打包时,应帮忙拿取一次性餐具	注意巡视餐台,主动提供服务
3.送别客人	（1）客人离开餐厅时,热情礼貌地送客："请慢走,欢迎下次光临！" （2）提醒客人带好随身物品及行李	礼貌用语,热情友好
4.结束工作	（1）回收菜品,将所有菜品回收到厨房； （2）收餐具,清洁餐台及餐厅卫生； （3）关闭灯光、空调、电视,将门口早餐指示牌收回餐厅	善后工作及时

注意事项：

（1）应特别注意自助餐餐台卫生。

（2）冷菜盘边缘应保持干净,餐台上不可有残留食物。

（3）随时归位被客人混用的自助餐夹。

（4）注意巡台,及时添菜。

（5）餐台上如有破损或脏的餐具应立刻撤走。

（6）发现菜品有问题应立即撤走。

（7）餐台上餐具不能空缺。

自助早餐布置示例如图2-9、图2-10所示。

图2-9 自助早餐布置示例（一）

图 2-10　自助早餐布置示例（二）

（二）套餐服务

一些民宿自助早餐采用套餐的形式，其种类应灵活多变，在保证食物品质的前提下，根据季节、食材、价格灵活更新早餐供应种类。量化食物供应，确保食物提供量与客人数量对应。例如，为每位客人预备一杯牛奶和两个鸡蛋。在准备过程中，相关食品应稍多准备一部分。在餐桌上放置"节约食物""光盘行动"等提示，倡导客人合理取餐，避免浪费。此外，还应对每天客人剩余食物量进行数据统计分析，以便科学地调整食物种类及数量。例如，原先为每位客人配备两个包子，但经过3个月的数据监测发现，70%的客人只食用了一个包子，后面则可合理减少包子的供应量，以满足实际需求并减少浪费。

下面列举某高档民宿提供的管家式的早餐套餐。

套餐A：牛奶＋鸡蛋＋面包＋西兰花。

套餐B：肉包＋鸡蛋＋蔬菜饼＋稀饭。

（三）小吃服务

一些民宿早餐采用小吃的方式，如馄饨、面条、肉夹馍等。

二、正餐服务

正餐服务作为一种在特定场所内提供的餐饮活动，主要涵盖中餐、晚餐，通常为各种中西式炒菜和主食，由服务员送餐上桌。这一过程包括餐前准备、迎接顾客、点菜服务到餐中服务和餐后结账等。正餐服务中有很多细节需要民宿管理者重视并加强管理。

乡村自助早餐

也有民宿不提供正餐服务，为了满足部分客人用餐的需求，一些民宿采用扫码预订的方式（图2-11）。

图 2-11　扫码订餐

（一）餐前准备工作

1. 中餐摆台

中餐摆台标准如表2-24所示。

表 2-24　中餐摆台标准

操作步骤	操作要领	质量标准
1.准备工作	（1）在摆台之前必须先检查台面是否干净； （2）摆放好餐椅； （3）铺上台布（台垫）并确保台布（台垫）干净，无污迹、褶皱	台面干净，整洁
2.摆放餐具	（1）将展示盘对准餐椅的中心线，距离餐桌边缘2厘米； （2）口汤碗摆在展示盘中心线的左上边，将匙羹放在碗内，匙柄朝左； （3）调味碟摆在口汤碗的右方并与口汤碗在同一中心线上； （4）筷架摆在展示盘的右方，筷子垂直摆在筷架上； （5）两个牙签盅分别摆在桌子相对的两侧； （6）茶杯摆放在筷子的右侧； （7）水杯摆放在筷子的上方	餐具齐全，摆放规范
3.台面布置	将鲜花或装饰摆在转盘/台面中央	台面美观

续表

操作步骤	操作要领	质量标准
4.开餐前检查	(1)开餐前重新检查台面是否整洁、物品是否齐全； (2)若有不符合标准的地方应及时改正	保证摆台质量

2. 餐前检查

餐前检查程序如表2-25所示。

表2-25 餐前检查程序

操作步骤	操作要领	质量标准
1.摆台	根据客人预订人数提前摆台	台面干净、整洁
2.检查餐具等用品	(1)检查餐盘的卫生情况，以及是否有破损； (2)检查杯子是否干净，以及有无破损	上桌的餐具干净、无水迹、无破损
3.检查转盘	检查转盘是否完好、旋转是否正常，转盘表面擦拭干净，无油污、无水迹	转盘干净完好、使用正常
4.检查设备	检查大厅、包间的灯光、空调是否正常，发现异常及时维修	设备完好，使用正常
5.确认菜单	确认菜单，准备客人所需要的茶叶、酒水等，以便及时提供服务	准备工作充分

（二）餐厅服务

1. 引领客人服务

引领客人服务程序如表2-26所示。

表2-26 引领客人服务程序

操作步骤	操作要领	质量标准
1.问候客人	(1)确保在客人进入餐厅30秒内致以问候； (2)向客人问候时，应面对客人，保持身体直立，与客人进行目光交流并微笑，问候语如"早上/下午/晚上好，先生/女士"； (3)询问客人是否有预订，引导客人选择喜欢的座位，协助客人存放外套和背包	热情友好，主动问候
2.引领入座	(1)当引领客人入座时，服务员不要走在客人的后面，可以和客人并排或者在客人前面保持一步的距离； (2)询问客人对座位是否满意，如"您看坐这边可以吗？"如果客人不满意，可以提供其他位置供客人选择	主动沟通，服务规范
3.拉椅请客人入座	当客人准备落座时，为客人拉椅并慢慢地推回，协助客人入座	轻拉慢推

2. 点菜服务

点菜服务程序如表2-27所示。

表2-27 点菜服务程序

操作步骤	操作要领	质量标准
1.递上菜单	（1）客人入座后,服务员询问客人需要的茶水种类,然后将准备好的茶水按"女士优先,先宾后主"的原则从右边为客人斟上; （2）将菜单或iPad点菜设备打开,按照"女士优先"原则,用双手从客人右侧将菜单递送至客人手中,然后站在客人斜后方能观察客人面部表情的地方,上身微微前倾	礼貌用语,热情友好
2.推荐介绍菜品	（1）客人点菜前,服务员应留有时间让客人翻看菜单; （2）客人翻看菜单时,服务员应及时向客人简单介绍菜单上的菜品,回答客人提出的问题; （3）向客人介绍民宿当日特别推荐的菜品、特色菜、畅销菜等,并介绍其样式、味道和特点	察言观色,适时推荐
3.点菜	（1）服务员先在点菜单或iPad点菜设备上记下日期、本人姓名及台号、就餐人数等; （2）客人点菜时,应注意力集中,听清客人点的菜名,适时帮助客人选择菜品和主动推介菜品,准确地记录菜名; （3）对于特殊菜品,应介绍其特殊之处,并问清客人所需火候、配料及调料等; （4）若客人用餐时间有限,点的菜烹饪时间较长,则应及时向客人说明情况并征求客人意见,若有客人点了相同的菜式（如同时点了汤和羹或两道酸甜味型的菜）,应礼貌地提醒客人并询问是否需要更换菜品; （5）若客人有特殊要求,应在点菜单上清楚注明,并告知厨房	记录准确,适时提供帮助
4.复述点菜内容	（1）客人点菜完毕后,服务员应清楚地重复一遍所点菜品,并请客人确认; （2）复述完毕后,在点菜单的右上角或iPad点菜设备上写明当时的时间,以便查询; （3）收回菜单并向客人致谢,同时请客人稍等,说明大致的等候时间	复述清楚,使用礼貌用语
5.分送点菜单	（1）服务员将点菜单的第一联送至前台,将点菜单的第二联送至厨房,将点菜单的第三联留底备查; （2）iPad点菜设备直接发送,并打印出点菜单,放在客人桌上	准确无误

注意事项：

（1）根据客人的心理需求尽力向客人介绍时令菜、特色菜、招牌菜、畅销菜。

（2）客人点菜过多或在原料、口味上有重复时，需要及时提醒客人。

（3）客人点的菜肴估清时，及时告诉客人换菜，并推荐与估清菜肴相似的菜肴。

（4）客人未到齐时，菜单上应注明"叫菜"，赶时间的客人应注明"加快"，有特殊要求的客人，也应注明，如"不吃大蒜""不吃辣""口味清淡"等。

（5）适时推销酒水。

（6）点完菜以后应向客人复述一遍。

（7）用餐过程中可适时征询客人意见。

案例分享

对不起，今天没有这道菜

一天，餐厅来了三位客人，服务员将他们引至餐厅坐定，其中一位客人开了口："我要点××菜，你们一定要将味调得浓些，样子摆得漂亮一些。"随后转身对同伴说："这道菜很好吃，今天请你们尝尝。"菜点完后，服务员拿着点菜单进了厨房。再次上来时，服务员礼貌地对客人说："先生，对不起，今天没有这道菜，给您换一道菜可以吗？"客人一听非常生气，觉得在朋友面前丢了面子，"你为什么不事先告诉我？让我们等了这么久，早说我们就不点这一道菜了。"

点评：客人所点的菜如果已售完，服务员应及时告诉客人，向客人道歉，并主动介绍一些类似的或制作简单、能够很快上桌的菜式。

3. 餐中服务

餐中服务程序如表2-28所示。

表2-28 餐中服务程序

操作步骤	操作要领	质量标准
1.小毛巾服务	（1）夏天提供冷毛巾，冬天提供热毛巾； （2）在开餐前1小时把折好的湿度适宜的小毛巾放进冰箱或加热箱中待用； （3）当客人用手指碰触食物时，应立即服务小毛巾； （4）服务时使用毛巾夹及毛巾碟； （5）用托盘服务； （6）先服务女士后服务男士，小毛巾放于客人左手边； （7）每次派送小毛巾前必须先将原来的小毛巾连碟撤下	操作正确，动作规范

续表

操作步骤	操作要领	质量标准
2.骨碟更换	(1)时刻注意客人的台面； (2)当骨碟里已有很多骨头或汤汁时需要更换骨碟； (3)在上两道菜的空当时间才可以更换骨碟； (4)更换骨碟时要用托盘； (5)在换骨碟之前要保证准备的骨碟是干净且无破损的	客人用餐过程中根据情况更换骨碟，频次适中，不打扰客人
3.上菜服务	(1)零点食品要求在客人点完菜后20分钟之内将第一道菜送到客人餐台上； (2)所有热菜都必须盖上菜盖，用托盘送出； (3)询问客人是否同时跟上米饭； (4)留意客人桌面，及时撤下空盘； (5)菜肴上桌时，一定要清晰地报出菜名，确保搭配的酱汁同时上到台面； (6)若客人表示某道菜不需要时，应主动为客人撤下	上菜时报菜名，向客人介绍特色菜
4.分餐服务	(1)必须先向客人展示菜肴； (2)准备好服务工具，包括分餐叉、勺、长把汤勺及餐刀等，将这些工具放在工作台或客人台面上； (3)分菜可以在工作台上操作也可以在客人台面上操作； (4)分菜速度要快以免菜变凉，并保证菜肴分派完全、快捷、均匀	分菜速度快，动作熟练，菜肴分派均匀
5.洗手盅服务	(1)用托盘将洗手盅运送到餐桌前； (2)洗手盅必须在开餐前准备好，服务贝类、龙虾、鸽子、虾等类菜肴时，服务员必须同时跟上准备好的洗手盅； (3)洗手盅通常为银质或玻璃制成的小碗，放在垫盘上； (4)一个客人使用一个洗手盅，不可共用； (5)洗手盅内放2/3的温水，并放置一小片柠檬； (6)洗手盅用托盘运送到餐桌前，摆放在客人的前方； (7)若需要的话，为客人撤下并换上新的洗手盅	程序正确，动作规范

4. 结账服务

结账服务程序如表2-29所示。

表 2-29　结账服务程序

操作步骤	操作要领	质量标准
1.打包	用餐结束，如果客人提出打包服务，及时提供打包盒、打包袋并帮客人打包	及时提供打包物品
2.结账	（1）客人提出结账前，先将所有消费列出明细，以便客人过目； （2）结账完毕，主动询问客人是否需要发票，发票开出后及时做好登记	账目清晰，一目了然
3.送客	（1）客人起身离开时，主动提醒客人带好随身物品； （2）站在门口送别客人，请客人慢走； （3）主动上前搀扶老人、小孩或是行动不便的客人； （4）目送所有客人离开后，方可返回整理餐桌	主动服务，热情相送

5. 儿童用餐服务

亲子家庭是出游的主力军，他们对民宿餐饮服务的要求比较高，特别是在自然环境、度假环境及餐饮食品品质等方面的要求较高。在民宿餐饮服务中，亲子家庭儿童用餐环节非常重要，需要民宿管家及员工特别关注。

儿童用餐服务程序如表 2-30 所示。

表 2-30　儿童用餐服务程序

操作步骤	操作要领	质量标准
1.安排座椅	（1）当客人带儿童用餐时，服务员应主动并及时地为客人提供儿童用餐服务； （2）当看到客人带儿童出现，服务员应主动询问客人是否需要儿童椅，得到客人的肯定回答后，立即准备； （3）服务员准备好儿童椅后，请客人将儿童抱到椅子上坐好，协助客人为儿童系好座椅上的安全带，以防儿童滑落	热情友好，服务主动
2.摆放餐具	按照儿童年龄提供儿童专用餐具，如5岁以下儿童，可摆放一个餐盘、一只碗、一个饮料杯和一把勺	细心、认真
3.推荐适合儿童的食品和饮品	（1）当客人点饮料时，服务员主动向客人推荐适合儿童口味的软饮料，并为其准备吸管； （2）当客人浏览菜单时，主动向客人推荐一些适合儿童口味的菜肴或小点心	提供针对性服务
4.为儿童提供特殊的服务	（1）为客人分汤时，为儿童准备一小汤碗，放在儿童家长右侧； （2）服务员应多关注儿童，正确引导他们不要在餐厅奔跑，防止摔倒受伤； （3）餐厅可适当为来就餐的儿童准备一些小点心、小礼品，在儿童玩耍时送给他们； （4）客人准备离开餐厅时，服务员在征得客人同意后，将儿童从儿童椅上抱下交给家长	耐心周到，服务主动

6. 餐厅清扫整理

开餐结束后，需要及时对餐厅进行清扫整理，保持餐厅的清洁卫生，迎接下一次的开餐。

餐厅清扫整理程序如表2-31所示。

儿童餐具及宝宝椅

表2-31　餐厅清扫整理程序

操作步骤	操作要领	质量标准
1.准备工作	准备好地拖、清洁桶、抹布等清洁工具及用品	工具及用品准备齐全
2.擦拭餐桌、餐椅	用半干的湿抹布擦拭餐桌、餐椅，必要时蘸上清洁剂擦拭	餐后及时清洁，保持干净
3.清除地面杂物	用扫把扫除餐厅地面上的杂物	地面无杂物
4.拖地	(1)将地拖头浸泡在清洁液中，再利用拖把拧干机去掉多余的水分； (2)用后退式拖地方法拖地，较顽固的污渍可重复拖几次，直至污渍完全去除； (3)地拖头脏后，在装有清水的桶内清洗，再利用拖把拧干机去掉多余的水分	地面洁净无水迹、污渍
5.清倒垃圾	将垃圾清倒干净，垃圾桶擦净，换上干净的垃圾袋	严格执行民宿节能降耗要求
6.结束工作	清洁工具及用品归位，待地面完全干透后再撤去警示牌	妥善存放清洁工具及用品

三、茶艺服务

我国是茶叶的故乡，以茶待客是我国的风俗习惯。不少民宿都会设立茶室，为客人提供品茶、饮茶及交流之处，让客人的身心得到放松。因此，民宿管家了解茶叶的相关知识、各地的饮茶习惯及方法，有助于茶艺服务工作更好地开展。

（一）茶叶种类

我国茶叶种类很多，分类方法也很多，但被大家熟知和广泛认同的就是按照茶的色泽与加工方法分类，即分为绿茶、红茶、乌龙茶、黄茶、黑茶、白茶六大茶类。

1. 绿茶

绿茶是不经过发酵的茶，即将鲜叶经过摊晾后直接放入100～200℃的热锅中炒制，以保持其绿色的特点。绿茶名贵品种有龙井、碧螺春，黄山毛峰、庐山云雾等。

2. 红茶

红茶是一种全发酵茶（发酵程度大于80%）。红茶的名字得自其冲泡后汤色红，香气物质比鲜叶明显增加。红茶以红茶色、红汤、红叶和香甜味醇为显著特征。红茶名贵品种有祁红、滇红、英红等。

3. 乌龙茶

乌龙茶又称青茶，是一类介于红茶和绿茶的半发酵茶，是六大茶类中独具鲜明中国特色的茶叶品类。乌龙茶工艺复杂、费时，泡法也极为讲究，喝乌龙茶也被人们称为喝工夫茶。青茶的名贵品种有武夷岩茶、铁观音、凤凰单丛、台湾乌龙茶等。

4. 黄茶

黄茶是我国的特产，著名的君山银针茶就属于黄茶，黄茶的制法有点像绿茶，不过中间需要闷黄三天。黄茶按鲜叶老嫩、芽叶大小分为黄芽茶、黄小茶和黄大茶。

5. 黑茶

黑茶因成品茶的外观呈黑色而得名。黑茶属后发酵茶，主产区为四川、云南、湖北、湖南、陕西、安徽等地。传统黑茶采用的黑毛茶原料，成熟度较高，是压制紧压茶的主要原料。

6. 白茶

白茶属微发酵茶，是指采摘后，不经杀青或揉捻，只经过晒或文火干燥后加工的茶。白茶具有外形芽毫完整、满身披毫、毫香清鲜、汤色黄绿清澈、滋味清淡回甘的特点。白茶名贵品种有白毫银针茶、白牡丹茶。

（二）茶水沏泡

茶水有沏泡之分，泡茶与沏茶的区分在于水温。泡茶就是将烧开后降至一定温度（通常为80～90℃）的水倒进放入茶叶的茶壶或茶杯，然后盖好盖子闷一会儿。沏茶又称冲茶，是将滚沸的开水直接倒入茶杯中，再将茶叶放入茶杯中浸泡，待茶叶冲泡出茶后，即可饮用。相较于沏茶，泡茶更为合理。因为很多茶叶含有维生素C，滚沸的开水温度一般为100℃，高温会破坏维生素C，所以喝茶最好选用泡茶的方法。

茶水沏泡时应注意水温。若水温过高，易烫熟茶叶，使茶汤变黄，滋味较苦；若水温过低，则香味淡薄。绿茶用水温度应视茶叶品质而定。高级绿茶，特别是各种芽叶细嫩的名绿茶，水温以80℃左右为宜。茶叶的鲜嫩程度越高，所需的水温则越应偏低。这里指的80℃的水温，通常是指将水烧开后再冷却至该温度，若是处理过的无菌生水，只需加热到所需温度即可。

1. 六大茶冲泡方法

六大茶冲泡方法如表2-32所示。

表2-32　六大茶冲泡方法

茶叶类型	冲泡器皿	冲泡方法
绿茶	瓷杯或玻璃杯冲泡	用80～85℃的水冲泡。茶与水的比例以1:50为佳，冲泡时间为2～3分钟，最好现泡现饮。冲泡时先用1/4的水量将茶叶润一润，过20秒或半分钟再冲水饮用。泡绿茶一般不盖盖子，否则茶汤会发黄

续表

茶叶类型	冲泡器皿	冲泡方法
红茶	玻璃杯	先用热水烫杯,再用沸水冲泡。用水量与冲泡绿茶时相当,冲泡时间以3~5分钟为佳,高档工夫红条茶可冲泡3~4次,红碎茶则可冲泡1~2次。具体方法:先在杯中倒入约1/10的热水烫杯,再投入3~5克茶叶,然后再沿杯壁倒水进行冲泡。泡红茶要盖上盖子,这样茶香会更浓郁
乌龙茶	紫砂壶或盖碗杯	用100℃的沸水冲泡。投叶量相对较大,通常为所用紫砂壶或盖碗杯的一半甚至更多,泡后加盖。泡乌龙茶时旁边最好备有煮水壶,水开了马上冲泡。第一泡要倒掉,用倒掉的茶水把所有的杯子润一下,然后再重新倒入开水冲泡饮用。乌龙茶可冲泡多次,品质好的可冲泡7~8次,每次冲泡的时间由短到长,以2~5分钟为宜
白茶	茶杯、茶盅、茶壶、"功夫茶"饮用茶具	用90~100℃的水冲泡。白茶冲泡不宜太浓,一般150毫升的水用5克的茶叶。第一次冲泡时间约3分钟,过滤后将茶汤倒入茶具即可饮用。第二次冲泡需要5分钟,随饮随泡。一般情况下,一杯白茶可冲泡4~5次
黄茶	玻璃杯或盖碗杯	用不超过90℃的水冲泡。将少量的沸水冷却到90℃,放入适量黄茶,泡20秒至1分钟,用壶注水至八分满,等待2~3分钟即可饮用,饮用后留1/3水量以便第二次冲泡
黑茶	紫砂壶或盖碗杯	第一次冲泡黑茶时,要用10~20秒钟快速洗茶,即先把茶叶放入盖碗杯中,倒入开水,过一会儿将水倒掉,再倒入开水,盖上杯盖。洗茶可以滤去茶叶的杂质,而且使泡出的茶汤更香醇。后续冲泡时间常为2~3分钟

2. 泡茶敬茶礼仪

我国有着悠久的种茶历史,"以茶待客"是自古流传下来的待客礼仪。民宿管家及相关员工应知晓基本的茶礼,更好地为客人服务。

(1)切忌以旧茶待客。

无论是隔夜茶还是稍早前泡好的茶,都不能用来招待客人,否则会让客人有不受欢迎、不被重视的感觉。

(2)不可用手抓取茶叶。

用手抓取茶叶是不合礼仪的,不仅会使茶叶沾染尘埃,影响卫生,而且会破坏茶的味道。取茶叶时最好使用专用的木勺或者茶勺。

(3)斟茶不能斟太满。

茶水斟得太满容易溢出而烫伤手,斟茶应以七分满为宜,再端给客人喝。在为客人斟茶时,需尊老爱幼,斟茶后对客人说一句"请喝茶"。敬茶时应先客后主。

(4)第一次冲泡的茶不能请客人喝。

第一次冲泡通常为洗茶叶,需要倒掉,不宜饮用。因为茶叶在制作的过程中经过很多工序,茶叶上可能存在杂质和尘埃,所以通常先冲洗过一次之后才能请客人喝。

(5)注意及时给客人续茶。

在待客过程中,需注意客人茶杯中的茶水情况,若客人的茶杯空了,及时给客人续上茶水。

泡茶服务如图2-12所示。

图2-12　泡茶服务

3.民宿茶室服务

民宿茶室服务程序如表2-33所示。

表2-33　民宿茶室服务程序

操作步骤	操作要领	质量标准
1.欢迎客人	客人进入茶室时,主动问候客人:"您好,欢迎光临!"	礼貌用语,热情友好
2.引领	在客人左前方两三步处引领客人,安排合适之处请客人入座	根据客人人数等具体情况,将不同的客人安排到适当的、客人满意的座位上
3.介绍茶品	(1)将茶单用托盘递送至客人右侧,双手呈给客人,并根据需要介绍茶品; (2)解答客人有关茶品、茶点、服务及设施等方面的问题	在此过程中,服务人员有技巧地进行推销
4.行茶	(1)上茶时左手托盘,端平拿稳,右手在前护盘,步伐小而稳; (2)走到客人右侧,茶盘的位置在客人身后,右脚向前一步,右手端杯子中端,盖碗杯端杯托,从主客开始,按顺时针方向,将杯子轻轻放在客人的正前方,并报上茶名,然后请客人先闻茶香; (3)闻香完毕,选择一个合适的固定位置,用水壶将每杯茶冲泡至七分满,并说:"请用茶。"	行茶时,操作举止文雅、态度认真、茶具清洁

续表

操作步骤	操作要领	质量标准
5.续水	（1）客人用茶时，杯中的水量低至1/2时，就应及时添水； （2）及时擦去桌面上的水渍，烟灰缸、果壳篮要勤调换、勤清洁	及时续水，保持桌面清洁
6.结账	当客人提出结账时，双手用托盘递出账单，请客人查核消费款项有无出入，询问客人结账方式	收款时彬彬有礼
7.送客	客人离开时，提醒客人检查随身物品是否携带，热情送客，并表达欢迎客人再次光临	热情相送，给客人留下良好的印象
8.结束工作	洗杯、洗壶，整理各种服务用具，以备下次使用	及时清洗、整理用品

注意事项：

（1）客人的合理要求应尽量予以满足，做到有求必应，有问必答，态度和蔼，语言亲切，服务周到。

（2）服务过程中，如需与客人交流，要把握适当、适量原则，耐心倾听客人说话，避免与客人争辩。

（3）客人之间谈话时，不要侧耳细听；当客人低声交谈时，应主动回避。

"围炉煮茶"让传统文化回归生活

 同步案例

> **"鹿宝宝"的睡床**
>
> 陆先生夫妇带了女儿入住某民宿一个大床房。提出了加床需求后，一家三口外出用餐，将一个玩偶小鹿留在了客房内。等他们用餐完毕回到房间，女儿惊喜地叫道："我的鹿宝宝也有床啦！"原来是民宿管家在为他们提供加床服务时，看到玩偶小鹿后想到这一定是小朋友的心爱之物，于是灵机一动，用枕套给玩偶小鹿做了一个"迷你小床"。"迷你小床"是特制的，和真人睡床看起来一样。夜幕降临之时，每个家庭成员，就连玩偶也拥有属于自己休憩之处。这一举动，既赢得了孩子的心，同时也得到了整个家庭的好感。
>
> （资料来源：作者自行整理）
>
> **思考**：这个案例给你什么启示？（主要从针对性服务与创新服务两个方面思考）

教学互动

优秀案例讲演比赛

分组调研并收集民宿优秀服务案例8~10个,在班级进行讲演比赛,评价方式为小组互评、教师点评。

项目小结

民宿提供哪些服务项目,服务质量如何,会在很大程度上影响住客的满意程度。各家民宿情况不一,目标客源市场需求不同,再加上其他诸多因素,需根据自身的具体情况加以考虑,确定所需提供的服务项目。对民宿管家与员工来说,只有熟悉和掌握民宿日常服务的具体程序与标准,不断摸索,才能做好服务工作,提高客人的满意度。

项目训练

一、知识训练

1. 请写出客人入住登记程序。
2. 请写出走客房的清扫顺序。
3. 清扫整理客房时的注意事项有哪些?
4. 什么是针对性服务?如何做好针对性服务工作?
5. 如何做好自助早餐服务工作?
6. 我国茶叶可以分为哪几大类?各有什么特点?

二、能力训练

1. 两人一组,模拟入住登记服务。
2. 分组练习点菜服务、中餐摆台服务。
3. 分组收集民宿服务中的常见问题,并分析问题原因,提出解决问题的方法。
4. 张先生一行4人(张先生夫妇与他们10岁孙子与5岁的孙女)自驾游,预订了某民宿一间家庭套房,请为张先生一行设计一份客房与餐饮服务方案。

项目三
民宿定制化活动策划
——明明白白您的心

 项目描述

客人入住民宿期间，除需要日常住宿服务外，可能还有定制化活动的需求，比如团建、旅游休闲、本地文化体验或者生活方式体验等。本项目主要介绍团建、旅游休闲、本地文化体验及生活方式体验等活动策划，只有掌握民宿定制化活动策划的程序和标准，才能让客人感受到个性化服务的魅力，提高客人的忠诚度。

 **项目目标**

知识目标

1. 掌握法律法规常识、旅行常识、地方政治经济概况和相关社会文化背景知识。
2. 掌握当地美食、传说、风土人情、农事等信息和知识。
3. 熟悉当地文化旅游资源、特色产品、娱乐活动等。
4. 掌握数字经济的基本知识和技能。

能力目标

1. 能根据民宿主题特色、地理位置、四时节令、节日等，依托民宿场地、设施，为客人策划并举办不同主题、不同时间和空间的线上或线下活动，提供活动开展的全过程跟进式服务。
2. 能根据民宿的主题文化或民宿所在社区文化、生态、产业、场地和设施，引导客人开展农事体验、非遗传承、手工体验等方面的亲子、研学、团建、康养等活动。

素养目标

1. 培养良好的观察和感知能力。

2. 培养良好的团队合作精神。
3. 培养创新意识与创新能力。

 学习导图

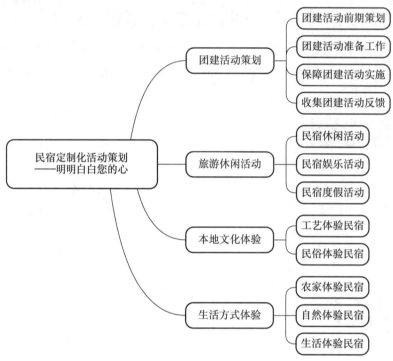

学习重点

1. 团建活动策划。
2. 旅游休闲活动策划。

学习难点

1. 本地文化体验活动策划。
2. 生活方式体验活动策划。

 项目引入

案例一

拥有五年民宿管家经验的资深从业者小李，每当回顾印象最深刻的案例，都会想到这件事：2019年的一天，她接到了一个电话，一位老先生希望在民宿庆祝自己的金婚纪念日。小李详细地询问了老先生的需求后设计了两套方案，最终，客人选

择了自己满意的一套方案。

当天，客人到店时，店里工作人员全部保密，没让老先生的太太有任何察觉，晚上用餐的时候，工作人员迅速布置好场地灯光、烟花。这次的活动使老先生的太太非常惊喜，感动不已。之后，老先生的子女也都选择在这家民宿进行家庭聚会、公司团建等活动，并积极向身边的亲戚朋友推荐该民宿。

案例二

党的二十大要求全面推进乡村振兴，扎实推动乡村产业、人才、文化、生态、组织振兴。民宿管家亮亮从业四年，立志将乡村特色和本地文化传递给更多的客人。他策划了丰富多彩的活动，打造"民宿＋"新空间，吸引客人来住民宿、观民俗、享露营、体验特色的乡村生活。

民宿管家亮亮依托当地农户的特色项目，如依托果蔬大棚策划了一系列季节性的农事体验活动，包括认领小菜园、草莓采摘、樱桃采摘、苹果采摘等，客人在此期间的消费归农户所有，既提高了客人的体验度，也增加了农户的收入。同时，民宿管家亮亮举办的"露营＋篝火"活动，受到了客人的欢迎，为客人提供了更加丰富的旅游体验。

（资料来源：作者自行整理）

思考：客人个性化需求的满足，农事体验活动的开展，都在考验着管家的活动策划能力，作为民宿管家，应该如何策划定制化活动？

任务一　团建活动策划

团建，全称为团队建设，是指为了实现团队绩效及产出最大化而进行的一系列结构设计及人员激励等团队优化行为。团建的好坏是企业凝聚力和战斗力的充分体现，对管家来说，策划团建活动是一项非常具有挑战性的任务。

近年来，民宿纷纷推出各具特色的团建活动，比如户外运动、文化体验、DIY手工制作等，作为民宿管家，一定要具备团建活动策划能力。

一般来说，团建活动的策划可以参照以下的程序和标准。

一、团建活动前期策划

（一）目的和需求的调查

在进行团建活动前期策划时，要先明确客户团建的目的和需求。一般来说，团建目的包括以下几点：

(1) 增进员工沟通交流和团队凝聚力；

(2) 促进员工更好地理解企业文化；

(3) 挖掘员工个人潜力并展示；

(4) 其他个性化的需求。

同时，要了解参加团建的人数、年龄、职业等基本情况，以及费用预算，做到心中有数。

（二）团建方式的选择

团建方式大致分为户外和室内两大类，可以将客户的需求和偏好与民宿自身特色相结合进行选择。户外团建如野外定向（"爬山＋寻宝任务"等）、农事体验、文化体验、经典拓展训练等；室内团建可以组织趣味游戏、主题派对、手工DIY等活动。同时，可以将民宿之前的成功团建案例及民宿现有团建活动行程提供给客户参考，再结合客户的个性化需求进行调整。

（三）团建方案的确定

明确了团建的目的，确定了团建的方式，接下来要拟定团建活动策划方案，一般至少要提供两套方案供客户选择，与客户有效沟通后确定团建方案。

二、团建活动准备工作

（一）确定团建场地

确保团建所需场地的使用时间，避免与其他活动发生冲突，如果需要租赁场地，要与租赁方进行沟通确认，尤其是场地安全性的确认。

（二）制定团建具体流程

为确保团建活动的顺利开展，要结合团建方案制定具体的团建流程。制定团队流程表时应注意以下几点。

(1) 活动与活动之间要留有足够的衔接时间，避免出现特殊情况。

(2) 活动的时间安排要合理，比如开始和结束时间不要太早或太晚，给员工预留往返活动场地的时间，避免因行程太紧而导致疲惫不堪。

(3) 活动的流程要提前演练，活动负责人务必要熟悉活动整体流程及人员分工，保证所有参与人员清楚并熟悉整体流程，活动现场应有人全程跟踪并灵活调控，以保证活动的顺畅进行，准确把握活动节奏。

（三）准备团建物品

团建活动开始前，要准备好所需的物品，具体如下。

1. 团建活动环节所需物料

如果活动简单、参与人数较少，只需准备一些小物料，如手环、纸笔等；如果活动复杂、参与人数较多，需要由活动策划供应商提供活动相关专业用具、搭建场景。

2. 团建必备物品

准备好补充能量的食物、饮用水，急救箱备用。

3. 团建活动宣传准备

团建活动方案确定后，要及时将相关信息传达给员工。例如，制作小视频通过微信公众号或视频号等进行宣传，让员工做好心理准备。

（四）做好安全预案

为确保活动的安全性，务必要在活动开始前做好安全预案，有备无患。

1. 熟悉活动场地

提前熟悉场地是有效降低风险、规避意外状况的关键。通过提前踩点，工作人员能够深入了解场地情况，为活动的顺利进行奠定坚实基础。

2. 确保人员配置

如果是户外活动，要聘请有经验的教练带队，给予员工正确的指导，并起到监督和保护的作用，同时配备专业的医护人员，做好安全保障。

3. 准备应急物品

急救箱是必备物品，其他药品可根据活动需要准备。活动负责人要懂得急救常识。

4. 制定突发预案

突发预案是团建活动的有力保障。突发预案的内容应包含活动道具毁坏的应对措施、恶劣天气下的解决方案、人员受伤的紧急处理方案等。针对不同的突发预案，提前配备各种设备及制定详细的应对措施，以防万一。如果团建活动存在潜在的安全风险，建议为参与人员购买意外保险。

三、保障团建活动实施

（一）按计划开展团建活动

活动当天，再次确认所有准备工作均已就绪，提前到民宿门口恭候客户的光临，并做好引导工作。根据团建流程有序开展团建活动。

下面以莫干山户外拓展团建方案为例进行介绍，具体如表3-1所示。

表 3-1　莫干山户外拓展团建方案

活动时间		活动安排
第一天	17:00—19:00	公司员工集合前往民宿
	20:00—20:30	抵达民宿,办理住宿
	20:40—21:30	会议室互动游戏,新同事介绍
第二天	9:00—10:00	早餐
	11:00—12:00	午餐
	13:00—17:00	到莫干山沈园素质拓展基地进行团建活动
	17:00—18:20	晚餐
	21:30—23:30	烧烤、夜宵
第三天	8:00—9:00	早餐,出发前往莫干山风景名胜区
	9:30—14:00	游玩莫干山风景名胜区
	12:00—13:00	午餐
	15:00—17:00	返程,行程结束

(二)全程跟进式服务

团建活动进行过程中要做好全程跟进式服务,及时与客户沟通,发现问题及时调整和改进,确保团建活动顺利开展。同时,要特别注意活动的安全性。

四、收集团建活动反馈

团建活动接近尾声时,可邀请参与团建活动的客户填写问卷并向他们表达谢意,送上民宿的伴手礼作为纪念。伴手礼应体现民宿的特色,同时起到宣传推广的作用。在民宿门口目送客户离开,清理活动场地,做好收尾工作。

最后,所有参与团建活动的负责人开会,结合客户填写问卷的统计结果,总结此次团建活动的成功及不足之处,为再次开展类似的团建活动做好准备。

团建活动策划的程序及标准如表3-2所示。

表 3-2　团建活动策划的程序及标准

操作步骤	操作要领	质量标准
1.团建活动需求调研	邀请客户实地参观民宿,展示成功团建案例,了解客户团建的需求	认真倾听,反复确认
2.团建活动方案拟定	根据客户的需求,结合民宿自身特点,拟定团建活动方案,至少提供两套方案供客户选择	满足客户需求,关注个性化需求
3.团建活动方案确认	向客户说明每一套方案的特点,以及与客户需求的融合度,回答客户的问题	耐心说明,有效沟通

续表

操作步骤	操作要领	质量标准
4.团建活动物品准备	确认场地及具体流程;购买活动相关物品;做好宣传;制定安全预案	提前演练,物资保障,安全保障
5.团建活动保障实施	严格按照团建活动方案开展团建活动;全过程跟进活动,随时沟通,及时调整;确保活动的安全性	全程跟进,随时沟通,确保安全
6.团建活动反馈跟进	活动结束后收集客户的反馈意见(发布问卷)	总结成功经验,发现不足及时改进

注意事项:

(1) 如团建活动在户外,要聘请专业的教练进行指导和监督,并配备医护人员。

(2) 如团建活动存在一定的安全隐患,建议购买意外保险。

 同步案例

> **民俗活动策划案例**
>
> 芒种前后,北收麦,南插秧,6月的江南稻田欢乐满满,近200人参与的两期"禾美东南·稻田理想插秧节"现已圆满收官。
>
> 稻田小课堂,学习水稻种植原理;田地插秧,体会粒粒皆辛苦的真谛;稻米展馆,认识绿色种植理念;手做稻米糕,体验付出后的收获甜蜜。挂艾草、插秧苗、包粽子、稻田电影院,满满仪式感,乐趣新升级。
>
> 1.稻田插秧,乡趣耕作
>
> "晨兴理荒秽,带月荷锄归。"向往的乡居生活,不就是日出而作、日落而归的恬淡和惬意吗?来稻田理想,"认领"你的田园,做一个小农夫,当一次农场主。"村长"已经为你备好了秧苗和田地,趁正是插秧好时节,快来种下你的稻苗,期待金秋十月的一场丰收吧。
>
> 2.手工包粽,小院飘香
>
> 端午吃粽子,就要吃自己包的。无论是香甜蜜枣馅儿,还是咸香猪肉馅儿,喜欢什么包什么。用一片片绿叶,将一颗颗米粒变身为不同形状的粽子。待蒸煮熟透出锅,香气飘满院,端午的氛围也就足了。
>
> 3.艾草迎客,驱邪避虫
>
> 艾草具有挥发性物质,蚊虫对其非常敏感,一般的蚊虫都不会主动招惹。所以自古以来,每年端午前后,人们从田间采回艾草,将其挂于门口、厅堂、窗外,以避邪驱毒,祈望安康吉祥。稻田理想小院里里外外打扫得洁净一新,新鲜的艾草立在院前,像是绿色守卫兵,驱逐蚊虫蛇蚁,守护

理想家园，静候小院主人归来。

4.稻田影院，乡村小剧场

许多"80后""90后"的童年，都有一个乡村露天电影的回忆。七邻八舍老老少少，拎着板凳相聚在村头的空地里，就为观看一场露天电影。今年端午节，我们在户外稻田旁为你打造了一片乡村小剧场。绿草坪、小椅凳，还有冰爽的汽水，身后是虫鸣蛙叫的绿油油稻田，眼前是精彩纷呈的电影，这样的"电影院"才是乡居端午小长假的正确打开方式。

（资料来源：https://roll.sohu.com/a/551763074_121123895，有改动）

思考：这个案例给你什么启示？（主要从团建活动策划及民俗特色两个方面思考）

教学互动

团建活动比赛

将整个班级分为5组，每一组针对不同班级的团建需求（任选一项）设计团建活动策划方案，主要就团建活动的创意及可操作性进行评比，评价方式为小组互评、教师点评。

（1）一班团建需求：班级文化建设（如班名、班旗、班歌、班级Logo等）。

（2）二班团建需求：提升班级成员凝聚力。

（3）三班团建需求：提升班级成员执行力。

（4）四班团建需求：加强班级成员之间的沟通交流。

（5）五班团建需求：挖掘班级成员的潜力并展示。

任务二　旅游休闲活动

旅游休闲活动指旅游者欣赏、体验旅游产品的休闲活动。根据世界旅游组织有关旅游目的的分类，旅游休闲活动包括以休闲、娱乐、度假为目的的休闲性旅游活动。

现代人越来越重视旅游体验，为了迎合游客的需要，为游客提供个性化体验成为民宿吸引更多游客的利器，越来越多的人认识到，民宿在文旅行业中能较快洞察并满足新锐消费人群旅游需求,而与传统景区焕新相结合,则会让这种洞察发挥更多作用,并创造更大的商业价值。

一、民宿休闲活动

民宿休闲活动包括SPA、茶艺等,这些项目可以让游客在旅游中得到放松和舒缓。休闲活动的规划需要考虑游客的需求和民宿的文化特色,提供符合游客需求的服务项目。

民宿可以依托当地资源,开办具有当地特色的休闲活动,以乡游、乡见、乡识、乡宿、乡味为主题,开发以山水田园、生态农业、村落民宅、民间节庆为重点的乡村观光产品,如杭州枇杷尝鲜旅游、太湖钓鱼旅游、哈尔滨观冰灯旅游、洛阳牡丹花节旅游、苏州沿古运河旅游、内蒙古骑马旅游、大连海岛旅游等,使游客感到兴趣盎然,欢乐惬意。

比如,"月光岛"民宿位于国家级海洋特别保护区浙江省乐江市西门岛内,距离雁荡山主景区10千米,充分利用西门岛优良的自然环境及优质的海产品资源,精心打造海岛美食主题民宿,极大地推动了雁荡山海上旅游的发展。"月光岛"民宿加快对"海上旅游+体育、观光、体验"等新兴项目的打造,大力发展"登山观光+摄影+写生"、环岛公路马拉松赛、自行车骑行等项目。

再如,大连广鹿岛民宿开展"海鲜养殖+体验"项目,邀请有意向购买海参的客人到广鹿岛实地参观海参养殖基地,亲自跟船出海体验打捞海参等海岛活动,享用海鲜大餐,让客人买得放心、吃得安心。

二、民宿娱乐活动

民宿可以规划各种娱乐项目,如自行车骑行、登山徒步、皮划艇、热气球、瑜伽等。娱乐项目可根据目标客群的需求和旅游季节进行选择,在山区的民宿可以设置露天烧烤、篝火晚会、户外运动等项目,而在水乡或海边的民宿则可以设置划船、垂钓、赏花、快艇、游艇、抓鱼、捡贝壳、踏浪、水上风筝、帆板、帆船、水上单车等项目;同时,还可以设置团队游戏活动,如丢沙包、抽陀螺、拔河等怀旧游戏,适合成人的狼人杀、真心话大冒险、纸牌游戏等,以及桌球等项目;另外,还有音乐主题活动,如钢琴演奏、架子鼓表演、吉他弹唱、KTV欢唱等,让客人在住宿之余能够通过参与活动结识更多朋友,体验更多快乐。

忙碌的民宿人还推出了很多新颖的体验项目。比如,南京市江宁区乡伴苏家理想村里,每逢节假日都会有不少游客到民宿精致的院落里"围炉煮茶",为民宿增添了新的消费场景;民宿还开展小型音乐会、萤火虫科普小课堂等活动,以及推出采春茶、种春花等农事体验项目。再如,山东日照泉山云顶风景区的山下木石初工作室,开设手工艺课,游客可以在这里学做红木筷子、拇指琴、七巧板、尤克里里;

还可以学习旧物改造，把旧电视、旧音响"复活"成蓝牙收音机等文艺范儿十足的创意家居用品；游客在山上可以体验采茶，上一节山涧茶课，也可以爬山探险；还有山野音乐广场、黄杨迷宫、噜噜王国儿童乐园等，让游客获得不同的体验。

三、民宿度假活动

度假市场上不是缺乏住宿产品，也不缺乏客源群体，而是缺乏具备审美与内容的核心竞争力产品。民宿的发展不能仅局限于单一住宿功能的提供，而是在地文化的综合创造，通过在地化运营再到最终度假场景打造，从而能形成一个集多种度假体验于一体的目的地综合体，才能吸引更多的游客。

（一）休闲度假

相对于城区的住宿接待场所，精品乡村民宿日益成为乡村旅游的重要去处，尤其是那些不仅提供基础住宿，还支持户外骑行、度假休闲、采摘体验等多元化活动，以及有景区景点线路支撑的特色山区村镇更受游客欢迎。稻田咖啡、稻田旅拍、稻田烧烤等乡村旅游新业态成为游客的假期新宠。

比如，吉林松原渔猎文化之旅（杨家村—新庙村—新风村—窝堡村），让游客感受民宿旅游休闲活动的魅力。首先到杨家村品尝乡间美味，登古城遗址，了解契丹历史和女真族独特的渔猎传统；然后到新庙村体验渔猎部落特色民宿，参与渔猎文化手工艺品制作加工，并乘坐稻田小火车畅游生态农业田园；接着去新风村有机生态农业园采摘果蔬、垂钓、参与农事活动；最后去窝堡村的原生态东北特色民宿品尝非遗传承"宝喜"豆腐，游览观光谷田，参观运作成熟的家庭农场与扶贫微工厂，参与5G直播电商试镜体验活动，感受现代科技与传统文化的完美融合。

（二）养老度假

经历过疫情的人们更加注重养生，康养民宿作为康养理念与民宿的结合体，凭借独特的自然风光、养生功效、慢生活体验，吸引了众多游客。"民宿＋康养"以健康、疗养为出发点和归宿点，以健康产业为核心，将健康、养生、养老、休闲、旅游等多元化功能融为一体。

深度挖掘项目地独有的宗教、民俗、历史文化，使游客在获得文化体验的同时，能够修身养性、回归本心、陶冶情操；以原始的生态环境为基础，以健康养生、休闲旅游为发展核心，依托项目地良好的气候及生态环境，构建生态体验、度假/温泉/水疗/森林养生、高山/海岛避寒养生、湖泊/田园养生等，打造休闲农庄、养生/温泉度假区、生态酒店/民宿等产品；将医疗、气候、生态、康复、休闲等多种元素融入养老产业，发展康复/旅居养老、休闲度假型"候鸟"养老模式，以及开展丰富多彩的老年体育、文化教育活动等，打造集养老居住、配套服务于一体的养老度假基地，带动护理、餐饮、医药、老年用品、金融、旅游、教育等多产业的共同发展；依托长寿文化，大力发展长寿经济，以食疗养生、山林养生、气候养生等为核心，以养生产品为辅助，构建起一个集健康餐饮、休闲娱乐、养生度假等功能于一体的健康养生养老体系。

例如，巴马以光绪帝赐予百岁老人邓诚才的"惟仁者寿"牌匾为主题，打造了集长寿文化、长寿美食和民族风情于一体的仁寿源景区；以巴马长寿现象的历史渊源和延寿民俗为主题，打造了全国第一个以长寿文化为主要陈列内容的专题性博物馆，展现巴马寿星风采和巴马特色长寿食品，探究长寿现象和长寿健康文化；以巴马布努瑶的长寿文化与巴马赐福湖自然山水、民族文化融合为主题，打造了展示巴马人勤劳、勇敢、朴实、乐观的品格，演绎长寿人生活画面，展现巴马民风民俗和长寿文化的大型山水实景演出舞台剧《梦·巴马》，打造"看得见山、望得见水、记得住乡愁"的美丽巴马。

民宿可以成为乡村旅游目的地的多功能实体跨界平台，可以通过强化讲解、体验服务及周边线路设计，进一步提高其服务功能，在注重景观营造和设施提升的基础上，增加民宿的交互性、沉浸式等旅游体验场景，会带来更多的综合效益。

 同步案例

> **小民宿 大梦想——全国文化和旅游系统劳动模范符小密先进典型事迹**
>
> 符小密在海边长大，19岁走进大山，2010年，她在世界自然遗产地广东丹霞山景区播下了丹霞印象民宿集群的第一粒种子——艺术家民宿，成为丹霞山第一家集住宿、音乐、阅读于一体的特色休闲民宿。
>
> 丹霞印象民宿集群以强化民宿产业为核心，融合乡村旅游、科普研学、农耕体验、农产品销售、户外拓展及文创等多种元素，构建了"民宿＋文创农创＋美丽乡村生活圈"的新发展模式，促进当地乡村旅游业发展，让发展旅游成为脱贫富民的重要渠道。
>
> 符小密拥有致富思源的事业心和投身公益的热心。作为广东省民宿行业中的佼佼者，她是省、市、县三级民宿协会的发起人之一，为推动广东省民宿行业标准、韶关市民宿管理暂行办法、仁化县农村民宿管理办法等规章和标准出台建言献策；她热心社会事务，每年组织开展所在村60岁以上老人团拜活动；2020年4月向31名支援湖北的医务人员赠送了艺术家民宿集群2020年不限次免费入住券；2021年1月参与"留粤过年·安心住"公益活动，向广大消费群体公开发放电子优惠券。
>
> 符小密带领大家走上致富之路，广东省仁化县瑶塘村年集体收入从2013年的7.5万元提高至现在的45.7万元，村民人均年收入、户均年收入分别达到2.2万元、15万余元，这是该村以民宿经济带动特色村庄发展的

喜人成绩。

（资料来源：https://finance.sina.com.cn/wm/2022-01-12/doc-ikya-kumx9911023.shtml?cref=cj，有改动）

思考：这个案例给你什么启示？

教学互动

民宿旅游休闲活动分享

将整个班级分为5组，每组选择一个最感兴趣的民宿旅游休闲活动，制作PPT（图文并茂），在全班分享，评价方式为组内自评、组间互评、教师点评。

任务三　本地文化体验

"不求最贵，也不求最便宜，只要有特色，只求最喜欢。"一些消费者在预订民宿时，更看重民宿的设计风格与装饰特色，希望能体验具有特色的当地文化，给旅途带来更多惊喜。

远离喧嚣的日常，找一个安静的地方，欣赏美景，享受美食，在朋友圈晒美照，收到朋友们的疯狂"点赞"，这是许多人喜欢民宿的原因。它超越了简单的住宿功能，更深层次地满足了人们精神层面的需要。在旅途中，可以遇到不同的人，看不一样的风景，还能体验地方风情特色，让旅途变得充实且满足。

不同的体验可以满足游客不同的需求，让游客在真正放松的同时也能学习到知识。在当前"传统文化热"的背景下，个性化的民宿，尤其是工艺、民俗体验民宿得到众多游客的青睐，这些民宿不仅为游客提供了独特的住宿体验，还促进了文化遗产的保护工作，为文化的延续与传承贡献了一份力量。

一、工艺体验民宿

民宿，让旅行变得温暖。好的民宿能给游客带来独一无二的文化体验，让远道而来的游客感受当地的风土人情，了解当地人的生活方式和生活习惯，融入当地的生活，享受旅行带来的乐趣。

民宿经营者可带领游客体验各项艺术品制作活动，比如陶瓷工艺、绣织工艺、编结工艺、绘画工艺等，游客通过亲手创作艺术作品，感受艺术的魅力。

下面介绍几种主要的民宿工艺体验。

（一）陶艺

陶艺是一种工艺，指用陶土经过成型、上釉、烧制等工序制成用品或装饰品，也指陶制的艺术品。中国陶瓷以其极高的实用性和艺术性备受世人的推崇。如今，在陶瓷手艺人的共同努力下，许多失传的技艺重新得到传承。陶艺制作深受游客特别是孩子们的喜爱。

下面以上良民宿为例进行介绍。上良民宿依山傍水，拥有多间环境优美、富有特色的主题民宿客房，坐拥100亩的湿地公园，集住宿、野趣、休闲于一体，在这里客人可以自己亲手制作独一无二的陶器。民宿邀请专业的陶艺老师教客人拉坯成型、刻画彩绘，帮助客人把陶泥变成属于自己的艺术品。

（二）刺绣

刺绣是中国民间传统手工艺之一，在中国至少有两三千年历史。中国刺绣主要有苏绣、湘绣、蜀绣和粤绣四大门类。一根针、一块布、几缕线，绣娘以针为笔，以丝线作画，手指翻飞间，针尖生花。选布、选线、设计纹样……一件绣品需要经历十多道工序。

2009年8月，白族刺绣技艺被云南省人民政府公布列入第二批省级非物质文化遗产项目名录。芸作银绣坊为热播电视剧《去有风的地方》提供了剧中所有的白族服饰和刺绣，剧中的服饰简洁精致，向观众展现了白族服饰的民族风情。许多游客慕名而来体验白族服饰，感受白族服饰、刺绣的美，体验刺绣艺术，绣出自己的精彩作品。

（三）竹编

竹编最早出现在新石器时代，那时人们为了将剩余的食物存放起来，就将植物的枝条编成篮、筐等，到了明清时期，竹编工艺得到了全面的发展。如今，竹编不仅具有实用价值，还富有艺术观赏性。

道明竹艺村因国家级非物质文化遗产——道明竹编而得名，竹编非遗传承人在这里居住，传统的竹编手艺在这里代代传承。在竹编非遗传承人手中，这里的慈竹成为艺术创作的原材料。道明竹编分为三类，即平面竹编、立体竹编和瓷胎竹编，其中瓷胎竹编对工艺和技法的要求非常高，整个编织过程有十几道工序，全部需要手工操作。一双手、一把刀，每一个竹编作品的呈现，都需要匠人无比的热爱和全身心持续地投入。

感受非遗，体验竹编文化，到道明竹艺村来一场非遗之旅，感受传统手工艺的生命力。体验工坊、美学院落、乡村酒馆、特色民宿……随处可见的竹编元素在非遗文化的光环下，显得更有特色。村子里散落着很多竹编体验工作室，选一个喜欢的工作室坐下来就可以和非遗文化来一次亲密接触。

（四）绘画

绵竹年画以木版刻印、手工彩绘为特色，色彩明快、线条流畅、内容多样，是绵竹最具代表性的文化符号。

依托国家级非物质文化遗产代表性项目——绵竹年画，绵竹深度挖掘农耕体验、文化研学、乡村采风等旅游体验的内涵，精心打造年画村"乡遇画里"文创社区、年画主题公园、中华年俗村等一系列特色项目，将年画文化和民俗文化、美食文化有机结合，增强了游客的体验感和参与度。绵竹还连续举办了二十多届绵竹年画节，让广大游客了解"农忙扛锄头，农闲握笔头"耕读传家的年画文化。

绵竹深入挖掘年俗文化，采取统规自建的方式，建设基础设施和旅游配套设施，在孝德镇金土村、年画村建设具有浓厚年文化风情，集居民居住、旅游接待、乡村生活体验等功能于一体的特色旅游村落，并依托古码头、古桥和老街设施，打造融合美食文化、古镇文化、商贸文化的特色景观小镇，形成年俗、年画、年趣文化旅游圈。

（五）其他

民宿结合当地特色开展的工艺体验活动还有很多，列举如下。

1. 花艺坊

花艺是通过一定技术手法，将花材排列组合或者搭配使其变得更加赏心悦目，表现一种意境或宏观场面，体现自然与人以及环境的完美结合，形成花的独特语言，让游客解读与感悟。

2. 制茶坊

传统绿茶制作是采用茶树的新叶或芽，未经发酵，经杀青、整形、干炒等工艺而制作出饮品。绿茶是未经发酵制成的茶，保留了鲜叶的天然物质，制茶是休闲茶庄中非常受游客喜欢的体验项目。

3. 豆腐坊

先把浸泡好的豆子加一定比例的水磨成生豆浆。接着用特制的布袋将磨出的浆液装好，收好袋口，用力挤压，将豆浆榨出布袋。生豆浆榨好后，放入锅内煮沸，边煮边撇去面上浮着的泡沫，煮的温度保持在90～110℃，并需留意时间的掌控。待豆浆煮好后，便进行点卤工序，使其凝固成型，最终制得豆腐。这一系列操作较为简单，非常适合游客体验。

4. 手工艺坊

手工艺坊包括木雕、根雕、石雕、玉雕、微雕，以及中国结、剪纸、风筝、花灯、面人、糖人等的制作。中国是具有几千年历史的文明古国，手工艺门类繁多，个个光彩夺目。对于传统的手工艺来说，每一个都是中华文化的瑰宝，都值得我们去传承和保护。

民宿可以推出"民宿＋文创""民宿＋网络营销""民宿＋景区""民宿＋自驾""民宿＋研学"等一系列"民宿＋"产品，例如，猫窝客栈引入土陶制作、艺术绘画等，每逢周末和节假日都是一房难求；凭借特色创意沙龙吸引自驾车游客的民宿，平均入住率为50%，周末入住率经常达到100%。

二、民俗体验民宿

民俗体验民宿可以注重提供与当地文化、自然环境相关的体验式项目，如参观当地博物馆、乡村游览，以及参与包括采摘等在内的农家乐活动等。此外，根据特定的时间节点可融入传统节日习俗，这些娱乐项目不仅能够丰富游客的旅游体验，还能让游客更深入地了解当地文化和历史。

（一）当地民俗

民宿区别于酒店的特点主要体现在对当地文化的挖掘和呈现上。比如，瑞安在发展民宿的过程中，注重对地域文化资源的挖掘，让特色文旅服务和在地文化体验成为瑞安民宿产业的核心价值，形成民宿产业的发展优势。比如，融合"侨"元素打造的特色"侨家乐"，充分体现了侨资、侨韵、侨味、侨品、侨情；寻觅南洋民宿主打东南亚风格，让游客不出国就能感受泰国、新加坡等东南亚国家风情。

再如，辽宁农村地域辽阔，自然环境条件各异，民俗文化不尽相同，造就了各地独特的民间风情、丰富的古建遗存，以及千姿百态的传统技艺。以民俗文化为载体，守望文明乡风、根植民俗文化土壤，传承弘扬剪纸、琥珀雕刻、满族歌舞、驴皮影等活态的非遗文化，留住文化灵魂和精神的根。特色民俗文化体验产品包括丹东边境"一步跨"、朝鲜族歌舞表演与地道美食（如打糕、冷面等），以及东港剪纸、南狮北舞、吹糖人、琥珀雕刻、煤精雕刻、抚顺地秧歌、锦州高跷秧歌、朝阳驴皮影、朝阳绒绣等。

（二）春节民俗

北京一品牌民宿在春节期间特别准备了贺岁活动，如传统非遗手工体验、京剧脸谱绘制、元宵花灯制作等，同时还为在北京过年的外地客人准备了特色私厨暖锅年夜饭，邀请客人品鉴。成都一民宿为留在成都过年的游客准备了传统民俗活动，游客不仅可以制作传统石磨豆花、贴窗花等，还可以在民宿周边品尝六合鱼、柴火鸡等特色美食，让客人感受到四川当地的传统过年韵味；苏州一民宿春节期间为客人准备了丰富多彩的文艺活动，包括苏绣、苏州评弹、画扇手作等，为民宿客人带来极具苏州人文特色的旅居体验。

2023年，文化和旅游部统筹各地在春节期间组织开展非遗传承实践相关活动，支持与春节相关的各级非遗代表性项目全面开展非遗传承实践相关活动。剪纸、年画、灯彩等非遗项目，营造了浓厚的节日氛围；舞龙、舞狮、灯会、庙会等非遗项目带动吸引广大群众广泛参与。天津2023年"运河之春"非遗灯会、上海"豫园迎新春民俗体验"灯会、福建枫亭元宵游灯习俗、海南文昌孔庙新春祈福庙会、陕西"玉兔迎春贺新年"秦腔秧歌社火展演、四川绵竹年画展示展销和体验活动、山东海阳大秧歌贺年会、江苏"舞狮闹新春"舞龙舞狮展演等各级各类非遗项目为当地的春节活动增光添彩，让年味更加浓厚，让节日更加喜庆，让人民在活动中感受中华优秀传统文化之美，共享文化建设成果，同过红火中国新年。

（三）乡村民俗

乡村民俗文化的挖掘传承，让我们重温乡情乡音；民宿旅游的蓬勃兴起，让我们体验诗意栖居。近年来，我国依托美丽乡村和农村文化礼堂建设，着力挖掘、保护、传承各地的民俗风情、人文景观、历史遗存以及特色文化，让乡村民俗记忆融入故乡新貌，将自然生态与历史人文融为一体。

比如，有着800余年历史的新叶村，至今仍完好地保存着16处古祠堂、古塔、古阁和200多幢古民居，被誉为"明清古建筑露天博物馆""中国民居建筑大观园"。浙江省建德市全面启动"乡村记忆工程"，着力保护好村镇千百年来传承的自然景观、民风民俗等"乡愁"符号。新叶村更是完美诠释了"水清流、绿掩映、房古朴、人安逸"的新乡村魅力，成为中国传统村落的保护典范。

再如，吉林推出的乡村民俗体验之旅（湾龙镇湾龙沟朝鲜族民俗村—梅小野知北村—小杨满族朝鲜族乡古城民俗村），能够让游客感受东北农村特有的民俗风情及朝鲜族满族村落的独特风俗。

（1）走进湾龙镇湾龙沟朝鲜族民俗村，体验朝鲜族特色村落与农业产业相融合的杰作，不仅拥有朝鲜族特色民宿、朝鲜族餐厅，还有"稻梦空间"彩色稻田观光、亲子农场教育基地、朝鲜族文化研学基地，以及酒坊、油坊、酱油坊等业态。民俗村内自产的五谷杂粮、朝鲜族米酒、笨榨大豆油、土法酱油等土特产品受到游客的欢迎。

（2）梅小野知北村是以"新冬旅美学"为设计理念打造的冰雪沉浸式文、商、旅三位一体式度假区。通过院落、街景、黄泥墙、茅草顶等建筑手法，打造了新东北民俗商街、美食娱乐、精品民宿、灯光夜游、沉浸式演绎、赏雪玩雪六大业态。

（3）走进小杨满族朝鲜族乡古城民俗村，游览小杨满族朝鲜族乡古城民俗村博物馆，在音乐稻田里感受稻米的清香，入住朝鲜族特色民宿，品尝朝鲜族美食，采摘庭院内无公害有机果蔬，深度体验朝鲜族的生产、生活、民俗文化活动。

民宿产品注定是千店千面的产品，一个既有观赏性，又能满足消费者差异化、个性化体验需求的民宿，才更容易被消费群体选择和复购。

同步案例

乡村旅游　经营美丽

　　甘肃省陇南市康县认真贯彻党的二十大精神，全面推进乡村振兴，扎实推动乡村产业、人才、文化、生态、组织振兴。

　　康县依托良好的生态优势，深入推进美丽乡村建设，以全域旅游打造乡村振兴"绿色引擎"，呈现全域融合、四季宜游、处处是"诗与远方"的美好局面。把风景变成产业，将美丽转化为生产力，推动生态、产业、康养、旅游深度融合发展。

　　比如，长坝镇山根村，村口"九层之台起于垒土，美丽乡村源于奋斗"的台阶标牌分外吸睛。沿着九层青石板路拾级而上，土黄色的院墙装点着特色农具和精致彩绘，乡愁记忆瞬间涌上心头。在古色古香的"后院书屋"里，满目清雅幽静，书香气息扑面而来。一家由牛圈改造而成的"牛栏咖啡"，更是文艺范十足，成为人们经常前来"打卡"的文化栖息地。这家咖啡馆门口的摆件和屋内的装饰，都是当地人民就地取材，根据自己的想法和创意设计的。大家本着"花小钱办大事"的原则，在减少项目建设成本的同时，有机融入了当地特色元素，达到了一举两得的效果。同时，山根村还修复还原了打铁房、石磨坊、陶艺馆、民俗文化体验台、农耕文化走廊等景点，进一步夯实了发展乡村旅游的基础条件。

　　再如，阳坝镇天鹅湖新村，坚持发展乡村旅游，结合区位优势，建成了集旅游观光、休闲度假、茶园体验、生态养生于一体的康养美丽乡村。观田园风光、吃农家小菜、住特色民宿成为游客康养休闲体验的首选。湖边的民宿客栈，平日里常有游客来长住康养，节假日更是一房难求。

　　康县以长坝的"山"和阳坝的"水"为主线打造核心景区，进一步丰富旅游业态、延伸产业链条、完善配套服务，让游客留得住、住得下、带得走，使美丽乡村建设成果更具价值。通过"旅游＋"的全域旅游发展新模式，越来越多的美丽乡村开始踏上了旅游业发展的新征程，开辟了产业深度融合新纪元。

　　（资料来源：http://k.sina.com.cn/article_2810373291_a782e4ab02002f5zs.html，有改动）

　　思考：这个案例给你什么启示？

教学互动

本地文化体验活动调研

将整个班级分为5组，每一组可选择自己的家乡或者学校所在地，调研当地民宿开展的有特色的本地文化体验活动，形成调研报告上交，评价方式为组间互评和教师点评。

任务四　生活方式体验

民宿要特色化，要有地域风。民宿经营者要在民宿建设中充分植入当地文化元素，让游客感受到乡情，体验到乡愁。民宿还应增添一些如体验乡村生活、体验农事农耕的活动，让游客的短期假日丰富多彩。

一、农家体验民宿

青砖黛瓦、平房小院间，游客可以学习农耕知识、插秧种菜，感受田园村落场景，体验农户生活，传承乡村文化。民宿可结合当地的历史文化和人文内涵，在充分利用原有地形地貌、选择性保留原有资源的基础上复建农宅，展现不同时期的乡村民居。入住这样的民宿院子，游客能体验插秧种菜，参与采摘当季蔬果，欣赏乡间美景，品尝农家美食，体验农耕文化。一方面游客可以在农田、菜园或牧场看到自己吃到的是无污染、安全的食材；另一方面通过农业体验活动，旅客可以获得休闲，掌握农业操作的知识与技术。

在农事体验项目中，沉浸式耕作体验最常见。比如，在休闲农庄的稻田麦地，让游客体验水稻种植、小麦收割，或者进行趣味耕作比赛，既能让大家认识自然、回归原野，又能体会"锄禾日当午，汗滴禾下土"的艰辛。

打造乡村旅游"浸入式"体验，在吃农家饭、住农家屋、看民俗表演等浅层次开发的基础上，全面盘活和深入挖掘乡村旅游资源，加大对乡村非传统旅游资源的开发力度。以传统村落为例，可对犁田、插秧苗、打稻谷、编草鞋等原汁原味的农业生产活动进行传统农耕文明旅游开发；对农业生产中的浇灌、施肥、收割、养殖等活动进行包装编排，开发出兼具娱乐性、教育性、参与性的旅游产品，还可以充分利用农业、林业、养殖业等其他资源开发相应的旅游产品，从而多方位立体化地发掘乡村旅游资源的潜力和价值。

二、自然体验民宿

浙江省丽水市松阳县是我国有名的"油茶之乡",早在几百年前,当地村民就挑着油担翻山越岭将榨好的山茶油拿到外地换取其他物品,闻名的"油茶古道"就是最好的历史见证。

中野·茶香轩榭民宿的诞生源于山茶油产业与休闲旅游的结合。有了产业的依托,游客入住民宿的体验变得更加丰富,原来传统的茶油产区,被改造成了多个不同主题和功能的区块。在装饰古朴的古法榨油展示馆,游客可以参观传统压榨工具,还可以在这里体验古法压榨工艺中的粉碎与压榨;在特色产品展示馆,展品已经不仅限于我们对于传统农产品的想象,适合女性的精油、香氛等深加工产品以及新开发的特制欧力茶、端午茶饮品都得到展示。

三、生活体验民宿

依托地域优势,民宿经营者可以设计具有特色的当地生活体验项目,比如海滨生活体验、草原生活体验等。

(一)海滨生活体验

以大连为例,依托海洋资源优势,民宿可以开展一系列与海相关的活动,比如设置观海平台,让游客实现海野观星;设计星空影院,让游客在夜幕低垂之际感受极致浪漫的沙滩星空观影体验;设计桨板活动项目,让游客感受皮划冲浪、踏浪而行等水上运动的刺激;设计帆船出行活动,让游客欣赏海上夕阳,穿梭大连地标性建筑星海湾大桥,从海上看灯光璀璨的星海湾。同时,海岛民宿可以开展赶海、海钓等活动,让游客与当地渔民一起体验生活。

(二)草原生活体验

以蒙古族传统历史文化、宫廷文化、民俗文化和宗教文化等为核心,以草原景观为背景的特色文化旅游项目——蒙古风情园,为休闲度假客群、高端商务客群打造草原主题民宿项目,以撮罗子、蒙古大营、金顶大帐为主,构建三大主题民宿产品,让游客零距离感受蒙古草原的辽阔与圣洁。撮罗子是桦树林中走出的草原部落体验,尊享奢华私人牧场;蒙古大营为游客提供最奢华的原始草原露营体验;金顶大帐让游客享受高档接待设施,尊享奢华生活。

同时,游客可以走进蒙古风情园,做一天蒙古人,一览草原美景,感受牧民盛情,体验原汁原味牧人生活。成吉思汗纪念堂全面展示蒙古民族崇拜成吉思汗的传统祭祀文化;马文化博物馆以马为主线揭示北方游牧文化的丰富内涵;蒙古大汗营精彩演绎蒙古民族的军旅文化;位于万亩草原中心的腾格里敖包既可登高观景、转包祈福,更有大型传统敖包祭祀仪式和草原实景婚礼表演;集马背竞技、马术表演、民俗演艺于一体的赛马场让游客一睹草原人民的风采；休闲垂钓、品味人生，草原渔村令游客流连忘返。

民宿早已经不是只提供床位的空间，而是可以加很多文化体验内容，如"民宿＋露营""民宿＋研学""民宿＋网红拍摄打卡""民宿＋剧本杀""民宿＋音乐会"等。随着各地民宿数量的增加，民宿的营销推广更加重要，让越来越多的消费者体验美丽的乡村，在乡村体验食、住、行、游、购、娱的一站式服务。

同步案例

感受山海相连的浪漫之都——大连

登临大连莲花山观景台，远眺星海湾大桥；前往大连金石滩快乐海岸旅游区，体验摩托艇的刺激，感受海边度假的休闲；坐上201路有轨电车，穿越百年历史，审视独特的城市之美……2022年10月，由中国旅游报社、大连市文化和旅游局主办的"2022美丽中国行·聚焦浪漫之都大连"采风活动顺利举行，由知名旅游博主、摄影师组成的采风团走进大连，充分感受浪漫之都的别样风情。

大连拥有丰富的文化和旅游资源，曾荣获"首批中国旅游休闲示范城市""中国最佳旅游避暑胜地"等称号。近年来，大连通过一系列卓有成效的工作举措，文旅产业发展取得了明显成效，为市民和游客拥抱"诗与远方"、邂逅浪漫之都营造了良好环境。

浪漫的文旅资源

采风团到东港游艇码头乘坐游艇出海喂食海鸥，游艇在海上驰骋，一群海鸥随船飞行，大家将手中的食物抛向空中，海鸥敏捷地接住食物，构成一幅人与自然和谐相处的美丽画卷。采风团成员激动地说："蔚蓝的大海、自由的海鸥，这种场景和体验令人难忘。"

除了浪漫的滨海风光，大连的建筑和文化也同样浪漫。在海昌东方水城，游客乘坐小船穿梭于大气典雅的欧式建筑中，不少新人在岸边拍摄婚纱照，这一浪漫场景为城市增添了新魅力。据了解，海昌东方水城占地面积40余万平方米，拥有长达约4000米的海岸线，集聚了美食、文创、商贸等特色名品，能够满足游客食、住、行、游、购、娱的多元需求。

走进世界音乐文化博物馆，曾侯乙编钟复刻品映入眼帘，其音色优美纯净、低音深沉洪亮、高音清脆悦耳，吸引众多游客围观。该博物馆金牌讲解员介绍："博物馆分为民族音乐文化展区、西洋音乐文化展区、风琴钢琴展区等八大主题展区，馆藏1.2万余件中西方音乐文化艺术瑰宝和30余万张经典音乐唱片，其中包括1807年英国制造的约翰·布洛德伍德九尺超大三角钢琴、1959年日本雅马哈生产的世界第一台电子合成器等重要展品……"

丰富的产品业态

国庆假期，一头巨大的仿生互动机械巨兽"熊北北"亮相大连冰山慧谷产业园——熊洞街，凭借朋克感十足的外形和憨态可掬的动作，点燃游客的热情。近年来，大连依托工业遗产，盘活老旧厂房，打造新型文创园，积极推进文化旅游休闲街区、新型文化旅游综合体建设，持续改善和丰富文旅产品服务供给。冰山慧谷产业园便是其中的代表项目之一。

冰山慧谷产业园由大连冰山集团原有老厂区升级改造而成，"熊北北"的家——熊洞街是其中一个集美食、游乐、潮流艺术等业态于一体的创新型文商旅综合体。"漫步在这里，游客不仅能观赏高6米重25吨的'熊北北'扮鬼脸、喷水喷雾、挥手互动，还能观看漫展、品尝美食、游玩室内游乐场等。"大连冰熊科技有限公司市场营销部经理介绍。

高质量的未来发展

近年来，面向未来，大连文旅人积极寻求突破，挖掘内在潜力，培育消费热点，推动产业转型升级，促进文化和旅游高质量发展。

大连海昌发现王国主题公园（以下简称"发现王国"）已经建成开放十多年，是国内老牌主题公园品牌之一。面对日趋激烈的市场竞争，发现王国不断完善基础配套设施，推出电音节、特技真人秀等特色活动，引入奥特曼等多元IP，使其持续散发迷人光彩，吸引年轻人的关注。发现王国有关负责人介绍："为更好地丰富游客体验，主题公园将进行全面升级改造，增设无动力游戏区，继续推进IP合作战略，打造多个国际IP主题区，不断提升产品活力和品牌影响力。"

"恐龙探海""将军石""龙鳄争霸""蟹将出洞"……在大连滨海国家地质公园，由于地质构造而形成的奇特景观，让游客不禁感叹大自然的鬼斧神工。该地质公园是一座以海洋风光、海岸地貌、层型剖面和典型地质构造景观为主，以生态和人文景观为辅的综合型城市海岸带地质公园。自2008年开园以来，吸引众多专家、游客前来地质科研、教学实习、观光游览等。

（资料来源：整理自中国日报网，有改动）

思考：这个案例给你什么启示？

教学互动

生活方式体验活动设计

将整个班级分为5组，每一组从以下客源类型中选择一种，为其设计生活方式体验活动，形成设计方案上交，评价方式为组间互评和教师点评。

类型1：亲子家庭。

类型2：情侣度假。

类型3：朋友聚会。

类型4：团队建设。

类型5：避暑康养。

项目小结

民宿提供的定制化活动策划是为了更好地满足客人个性化的需求，近年来，民宿业主的经营理念在发生转变，通过升级设施、提升服务留住客人，以期长远发展。越来越多的民宿不断在"民宿＋"上做文章，比如"民宿＋生态观光""民宿＋康养""民宿＋体育休闲""民宿＋农事体验""民宿＋露营"等。对民宿管家来说，只有熟悉和掌握民宿定制化活动策划的具体程序与标准，熟悉当地文化旅游资源、特色产品、娱乐活动、农事活动等，才能根据民宿的特色策划开展不同的主题活动和各类文化体验活动，满足客人个性化的需求，为客人提供满意加惊喜的服务。

项目训练

一、知识训练

1. 什么是团建活动？举例如何策划团建活动。

2. 什么是旅游休闲活动？民宿旅游休闲活动可以分为哪几类？

二、能力训练

1. 分组为本地乡村民宿设计一个小学生农事课堂活动系列项目。

2. 分组参观当地博物馆，了解当地文化和历史、民风民俗。

3. 结合本地情况，为民宿设计3～5种文化、民俗体验活动。

4. 分组了解当地文化旅游资源、特色产品、农事活动，并在班级进行交流。

项目四
民宿运营管理——我是一个好当家

项目描述

  作为民宿不可或缺的重要角色,民宿管家承担着民宿正常运作的重任,面对又多又杂的日常工作,管家需要合理安排自己的时间,善于使用高效的工具和科学的办法,方能从容自如地应对各类挑战。民宿管家应该是一个好当家,是"上会修电器、下会通马桶、文能谈天说地、武能照相弹唱、不但精通PMS还会记账、会统计"的全能人才。本项目主要涉及物料采购管理、设备用品管理、服务质量检查、民宿安全管理及运营数据分析,通过精细管理民宿的软硬件资源,保障民宿的安全运营,密切关注数据变化,灵活应对市场需求,从而不断提高管理效率与服务质量。

项目目标

知识目标

1. 熟悉民宿物料采购和成本控制方法。
2. 掌握民宿设备和用品管理的方法。
3. 掌握民宿服务标准和服务控制方法。
4. 熟悉民宿的安全预防工作及突发事件处理方法。
5. 熟悉数据的收集及分析方法。

能力目标

1. 能掌握采购的业务知识和专业技能并能熟练应用。
2. 能随时搜集客人需求和动态信息,根据民宿相关制度及时有效地处理。
3. 能主动向民宿管理决策者提出改进民宿服务质量、提高民宿服务品质的建议。
4. 能熟悉应急物品正常使用的操作规范。

5.具备突发事件等避险和应急处置能力。

素养目标

1.培养良好的成本意识和环保意识。
2.培养良好的规范意识和质量意识。
3.培养良好的安全意识和应变能力。

 学习导图

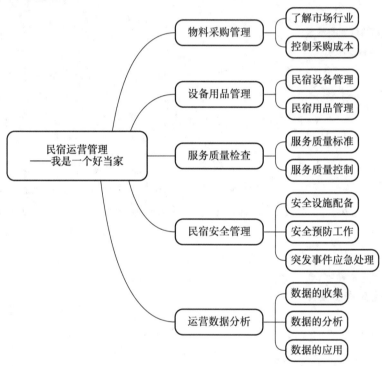

学习重点

1.民宿设备用品管理。
2.民宿服务质量检查。

学习难点

1.民宿安全管理。
2.民宿运营数据分析。

项目引入

案例一

2023年春节长假,小芳一家人抵达预订的某民宿自助入住,推开门就看到地面的积尘和毛发,卧室只提供夏凉被,民宿经营者面对小芳及其家人的一切服务诉求都"玩失踪"。小芳觉得事已至此,继续沟通不如及时退房退款挽回损失,但民宿经营者只退50%房费,还从100元的押金中扣除30元。

无独有偶,小李在春节假期也遭遇了类似的问题,他入住的民宿卧室、浴室中接连出现蟑螂,民宿经营者给出的答复却是"叫保洁打扫一下就好了""只能给您退未消费的后续两天房费"。

(资料来源:https://www.163.com/dy/article/HSIHC3QA0514EFPD.html,有改动)

案例二

2020年5月4日凌晨,贺州市某民宿2号楼发生火灾,造成2人死亡。此次火灾过火面积约60平方米,直接财产损失约30万元,起火原因为屋内墙上插头处电气故障,引燃木质墙体及墙体内保温泡沫板等可燃物。

(资料来源:https://www.sohu.com/a/662095407_121106869?scm=1102.xchannel:325:100002.0.6.0,有改动)

思考:以上案例出现的原因是什么?如何避免类似事件的发生?

任务一　物料采购管理

一、了解市场行业

据不完全统计,截至2023年底,我国民宿数量显著增长,民宿业整体发展呈现鲜明特征。

从地域分布来看,民宿主要聚集在长三角、珠三角、川渝及云贵地区;从类型来看,已初步形成自然观光型、文化体验型、度假养老型、体育健康型、农事研学型等多类型民宿供给模式;从消费者的年龄结构上看,"00后"占比上升至26.2%,成为第一大客群,"Z世代"客人已占民宿客人的一半以上,不过"00后"和"95后"客人的消费金额较低,更青睐于有性价比的产品。2022年受疫情影响,北京、上海的客人出游次数减少,深圳、广州由于本地游火热,成为国内出发城市前两名。从目的地来看,厦门和三亚成为热度相当高的城市,其余热门城市为杭州、成都、大理、重庆、丽江、上海、广州、深圳。

二、控制采购成本

(一) 采购成本构成

民宿的采购成本主要包括餐厅的食材、酒吧的酒水及房间内一次性洗漱用品等低值易耗品的采购成本。民宿配套服务的餐厅,为入住客人提供早餐以及简易中式的午餐和晚餐,为确保餐食新鲜可口,餐厅需每日采购新鲜的瓜果蔬菜。酒吧供应饮用水、果汁、鸡尾酒、啤酒和红酒,酒吧根据实际需求定时补充库存,确保酒水供应充足。房间内部主要是一次性用品、日常的布草送洗等日常消耗。

(二) 采购常见问题

民宿在采购过程中,往往容易犯两个极端的错误:一是追求质量最好;二是追求成本最低。所有物品的采购,都要考虑它的使用率、收益率和损耗,计算出一个最优区间。民宿的收益可以视为每个功能区间及模块的总收益减去采购和运营的成本。如果采购成本过高,要保证利润,就需要提高物品的利用率。

此外,不完善的采购制度和方法增大了民宿物资采购的随意性。一方面采购人员力求简便省时往往过量采购一次性用品,导致库存积压;另一方面订货和库存衔接不当导致存货数量不足,在紧急需要的情况下不得不承担更高的采购成本。加上一些餐饮原材料采购的特殊性,进一步加剧了成本控制难度,拉低了利润率,推高了采购成本。

因此在采购环节,材质较好、价格适中的采购物品就是最好的选择。消费者要的是舒适的体验和贴心的服务,对于物品使用并不会有过多要求,因此不要舍本逐末,在满足功能应用的前提下,适当降低采购成本。当然,贴身物品一定要选择有品质保障的物品。

客房布草的选购

(三) 采购管理建议

民宿的采购管理工作十分重要,如果不注重采购管理,可能会对经营造成影响。比如食材不新鲜被投诉,采购的卫浴用品没有达到质量标准,床单、被褥及餐具清洗不干净等导致差评;或者民宿位置偏远,物质运输代价高昂,导致运营成本上升等。

1. 选择购物渠道和供应商

学习商品知识,了解民宿所需各类物资的特性和分类方法;了解市场行情,货比三家，根据采购的品质、数量、时间等要求选择供货渠道和供货单位；对于采购量大的物品，要尽可能向生产单位直接采购，争取最优惠价格。对于季节性强的物品，需了解生产周期，掌握采购最佳周期；对于尚未明确供应商的物资，可以通过网络采购。

2. 明确采购周期

运营物资一般按月采购，每月统一向供应商下单，其数量根据现有库存量和下一个月的计划开业项目进行采购。

供货时间按类别而有所不同：日常餐料食品的购买，下单后第二天到货；烟酒、饮料、日常用品、厨具在下单后三天内到货；布草、客房一次性用品、印刷品、贵重餐料在下单后半个月至三个月内到货。

补仓采购根据库存物资计划储备数量及采购期限表中的最低库存标准，由仓库下单采购；对于应急采购物资，诸如因设备损坏严重影响运营需要立即修理的零配件，或者是因营业急需的材料和物品等，应与供货商协商，确定最快供货和服务时间。

连锁、品牌化经营的民宿，可以考虑建立自己的物资采购系统和采购链条，统一规范，保障品质和控制成本，但这样成本会比较高。单体民宿，则可以"抱团取暖"，与周边的民宿合作，成立民宿协会，增强在食材和物资采购、清洗、维修方面与供应商的议价能力。

比如，乌镇西栅的客栈基本属于中青旅独家控股，实行统一管理、统一采购的运营模式。乌镇对物品的统一化管理涵盖诸多方面：设施设备的标准化配置；民宿客房的布草洗涤工作统一由洗衣房完成；对房东进行统一管理，以及对餐饮价格进行控制；实施换卡退房制度、统一的奖惩制度以及一系列标准的制定。当然单体民宿肯定无法完全采取乌镇西栅这种管理模式，只是这种标准和运作模式确实能最大程度地控制品质和成本。

 同步案例

小牙刷大讲究

小李有一次住民宿，刷牙的时候由于牙刷太劣质折断了，把嘴弄破了。小李十分气愤，质问民宿经营者："为什么不买质量好一点的牙刷？能省几毛钱啊？"

从上述案例我们可以看出，小小的牙刷也会影响客人的体验感，民宿经营者不要为了省钱，造成客人投诉，那就得不偿失了。

牙刷该如何选择呢？在此分享"三看"的选择建议。

一看外观。不好看的用品，客人看到就不喜欢，更不会去关注它的品质和质感。

二看品质。购买前首先打开牙刷折弯尝试几次，以有韧性、不易变形且软硬适中为宜；其次是牙刷表面颜色均匀，无异味，为全新料。

三看价格。安全性和品质是第一位的，因为用品质量低劣引发客人投诉带来的损失绝非通过节省几毛钱的成本所能弥补的。

（资料来源：作者自行整理）

思考：这个案例给你什么启示？

教学互动

民宿采购成本调研

将整个班级分为5组，每组选择一个民宿进行调研，了解其采购成本现状，并提出控制采购成本的建议，在全班分享，评价方式为组间互评和教师点评。

任务二 设备用品管理

一、民宿设备管理

（一）设备类型

根据《乡村民宿服务质量规范》（GB/T 39000—2020），民宿的设施设备包括以下内容。

1. 客房

（1）主、客区相对独立，功能完善，布局合理，采光、通风、照明、隔音、遮光条件良好。宜有不同类型的特色客房。

（2）客房用品、用具应配置齐全，材质合格，使用方便。不主动提供一次性日用品。

（3）宜根据所在地气候配备取暖、降温设备，制热、制冷效果良好。

（4）客房内宜设有多种规格的电源插座，应有2个及以上供客人使用的插位，开关与插座位置合理。

（5）客房宜单设卫生间，通风、照明条件良好，并配置必要的辅助设施及盥洗用品，干湿分离，应有除臭和防滑措施。给排水设备完好，宜24小时供应冷、热水，水流充足。

2. 餐厅

（1）功能完善，布局合理，面积大小应与最大接待能力相匹配，采光、通风条件良好。

（2）餐具、酒具等各种器具配套，无破损，应有卫生的存放空间。

3. 厨房

（1）功配完善，布局、流程合理，地面经硬化防滑处理，配备通风排烟设施和消防设施。

（2）配有与接待能力相匹配的冷藏、冷冻、消毒等设施设备，生食、熟食及半成品应分柜置放。

（3）应有专门放置临时垃圾的设施并保持其封闭，排污设施（如地槽、抽油烟机和排风口等）保持清洁、通畅。宜设有餐饮污水隔油设施。

4. 公共卫生间

公共卫生间应通风、照明条件良好，冲洗设备完好，有防滑措施，各种耗材（如卫生纸、洗手液等）补充及时。

5. 停泊场所

宜自备或附近有与接待容量相适应的交通工具停泊场所，车辆等停放安全、有序。

6. 标识标牌

公告类（如规章制度牌）、名称类（如民宿名称标识牌）、警示类（如禁烟标识牌）、指引类（如行路指引牌）标识标牌设置齐全、醒目，并应符合GB/T 10001.1、GB/T 10001.2、GB 15630等规定，制作良好，位置合理，与环境协调。宜根据需要提供多种语言标识。

（二）设备管理

民宿的设备要设专人管理。一方面，要对设备进行分类编号，便于管理；另一方面，要建立设备档案制度，每个设备都建档，有据可查，包括设备的修理、变动、损坏等情况都要做好登记，以便全面掌握设备的使用情况。

设备在使用过程中会发生一定的损耗，因此，要及时对设备进行日常维护。同时，要有计划地对客房设备进行更新，主要分为常规修整、部分更新和全面更新三种类型。

1. 常规修整

在民宿正常运作的过程中，要对设备进行日常的修整，比如地毯清洗、墙面洗涤和粉饰、家具修饰、窗帘洗涤等。

2. 部分更新

设备一般使用5年左右时，会进行更新改造，比如更换地毯、更换墙纸、更新沙发靠垫、更换窗帘等。

3. 全面更新

设备一般使用10年左右时，会进行全面彻底的更新改造，比如更新床架和床垫、更新灯具、镜子和画框等装饰品，更新卫生间设备等。

一般情况下，民宿在更新改造过程中依然会正常营业，因此要根据民宿的经营状况及更新改造资金等制订周密的设备更新改造计划，有步骤地逐步完成设备的更新改造，不影响民宿的正常运营。

二、民宿用品管理

（一）用品类型

1. 清洁用品

清洁用品一般可分为两大类，即清洁剂和清洁工具。

（1）清洁剂。

清洁剂必需品包括洁厕剂、消毒剂、玻璃/外墙清洁剂、空气清新剂、除油剂、洗手液、洗衣粉、除锈酸、厨房清洁剂等。

（2）清洁工具。

清洁工具必需品包括扫帚、撮箕、拖把、吸尘器、清洁手套、抹布、清洁袋、马桶刷、垃圾桶、推水刮、伸缩杆、喷瓶等，其他用品如疏通马桶和下水道的工具、安全绳等。

2. 客房易耗品

客房易耗品包括沐浴露、洗发露、牙刷牙膏、肥皂、拖鞋（包括一次性拖鞋）等，其他用品如装易耗品的托盘、护发素、润肤露、擦鞋布、护理袋、剃须刀等。

3. 办公用品

办公用品包括贴纸、文件夹、A4纸、中性笔、记号笔、剪刀、胶带纸、固体胶、双面胶、订书机、计算器、税票打印机、记账本、收据单、收纳盒、夹子、移动插线板等，其他用品如名片夹、复印纸、支架式黑板等。

4. 维修用品

维修用品包括手电、套装工具箱、马桶疏通器、园艺剪刀、洒水壶、铲子、镰刀、铁锹等，其他用品如折叠梯、水晶头、钻头套装、电笔、水泵等。

5. 日常生活用品

日常生活用品包括指甲钳、雨伞、雨鞋套、针线盒、水果刀、晾衣架、数据线、肥皂、洗衣液、蜡烛、打火机、医药箱、电池等，其他用品如一次性鞋套等。

6. 厨房用品

厨房用品包括盆、盘、碗、锅、筷、调味品、各类厨具（如刀、叉、铲子、勺子、砧板等）、托盘、油烟机及洗涤蒸煮设备等。

7. 通信用品

通信用品包括固定电话、手机等，电话号码尽量挑选一些顺口、便于记忆的号码。

8. 消防用品

消防用品包括灭火器、消火栓箱、烟雾报警器、应急照明灯、客房消防四件套等。

9. 客房基本配置

客房基本配置用品包括电热壶、漱口杯、卫生间卷纸、垃圾桶、纸巾盒、衣帽架、浴袍、拖鞋、地巾、面巾、浴巾、台灯、牙刷和牙膏、浴帽、电视、空调、烟灰缸、果盘、矿泉水、灭蚊器、体重秤、吹风机、茶叶袋、浴室防滑垫、房卡（钥匙）、毯子、枕头等。

10. 前台基本配置

前台基本配置用品包括工作电脑、视频监控显示器、打印机、税票打印机、电话、笔筒、二代身份证信息读取器、POS机、计算器、保险箱等。

此外，布草间用品包括布草、清洁工具、客房易耗品等；储物间用品包括维修工具、杂物等。

（二）用品管理

用品要实行逐级管理，清扫员每天对每房、每客的客用品耗用量进行汇总统计；民宿经营者一般每月对用品的消耗情况进行分析，进而更好地控制用品的消耗。

对于易耗品的管理，需要明确责任人，按标准配发，同时制定严格的申领制度，要及时盘存。民宿管家要抓好物品的节省和再利用工作，做到物尽其用，发挥其最大利用价值。比如牙刷、小香皂、拖鞋等一次性用品和毛巾、枕套、床单等棉织品，可按客人意愿更换，减少洗涤次数。

（三）客用品消耗定额的确定

1. 一次性消耗品的消耗定额确定

一次性消耗品年度消耗定额的计算公式为

$$A = 365 \times b \times x \times f$$

其中：A 表示一次性消耗用品的年度消耗定额；b 表示每间客房每天配备额；x 表示民宿客房总数；f 表示预测的年平均出租率。

案例：某民宿有客房50间，年平均出租率为80%，拖鞋的单间客房每天配备额为2双，求该民宿拖鞋的年度消耗定额。

解：该民宿拖鞋的年度消耗定额＝365×2×50×80%＝29200（双）。

2. 多次性消耗品的消耗定额确定

多次性消耗品消耗定额的计算公式为

$$A = 365 \times b \times x \times f \times r$$

其中：A 表示多次性消耗品的年度消耗定额；b 表示每间客房每天配备额；x 表示民宿客房总数；f 表示预测的年平均出租率；r 表示用品的损耗率。

案例：某民宿有客房30间，被套单间客房配备2套（每套2张），预计客房平均出租率为80%，被套的年度损耗率约为25%，求该民宿被套年度消耗定额。

解：该民宿被套的年度消耗定额＝365×（2×2）×30×80%×25%＝8760（张）。

同步案例

> **房间设施"一应没有"**
>
> 小贺想在3月中旬带家人到某市旅游，在一家平台上预订了两晚的民宿，没想到入住时，不仅实际情况和平台上的描述的严重不符，商家还删除了订单。
>
> 3月16日晚，小贺一家到达预订的民宿，一推开门便愣住了，明明预订的是海景大床房，可房间里的床最多1.5米，房间空间狭小，和图片完全不符。不仅如此，当时平台上描述的是房间设施一应俱全，结果洗澡时发现牙膏、牙刷、洗发水等用品均未提供。
>
> 小贺很生气，想给商家差评，却怎么都找不到预订民宿的订单，这才发现订单在她办理入住后被商家删除了，因当时天色已晚，只要委屈一宿，第二天一早便提前结账离店，并且致电平台投诉商家，要求退还房款。客服人员表示，因为小贺办理了入住，系统默认订单已完成，但对商家私自删除订单一事，平台已经致电警告商家并对其进行限流一周的惩罚。
>
> （资料来源：作者自行整理）
>
> 思考：这个案例给你什么启示？

拓展资料
▼
洗护用品的选择小妙招

教学互动
Jiaoxue Hudong

民宿设备用品管理的重要性

请每一位同学分析民宿设备用品管理的重要性，在全班分享，评价方式为同学互评和教师点评。

任务三　服务质量检查

服务质量是衡量住宿行业发展成熟度的重要指标。民宿服务质量综合体现在民宿经营场地、接待设施、交通条件、安全管理、环境保护措施、服务水平、主题特色与软硬件设施等多个方面。如果既能保留本地特色和小众特点，又能在卫生条件、接待标准等方面向标准化酒店看齐，民宿会吸引更多的游客。未来民宿需求仍有较大空间，把民宿产业做精做美、做大做强，向更规范、更高品质发展，需要"精耕细作"。

一、服务质量标准

服务质量标准包括以下内容。

（一）服务工作标准

服务工作标准是为保证服务质量水平对服务工作所提出的具体要求，不对服务效果做出明确的要求，只对服务工作本身提出具体要求。例如，大厅地面必须每天定时推尘。

（二）服务程序标准

服务程序标准是将服务环节根据时间顺序进行有序排列，既要求做到服务工作的有序性，又要求保证服务内容的完整性。例如，接待服务有四个环节，即客人到店前的准备工作、客人到店时的迎接工作、客人住店期间的服务工作、客人离店时的结束工作，其中每个环节又细分出很多具体的步骤和要求，任何一个步骤出现问题，都会使服务质量受到很大影响，因此确定服务程序标准是保证服务质量的重要举措。

（三）服务效率标准

服务效率标准是对客服务的时效标准，以保证客人得到快捷、高效的服务。例如，接到客人要求服务的电话，3分钟内必须为客人提供服务等。

（四）服务设备用品标准

服务设备用品标准是对客人直接使用的各种设施设备和用品的质量和数量做出严格的规定。设施设备和用品是服务产品的硬件部分，其使用标准的制定直接影响产品质量水平的一致性。正如之前提到的案例，由于客房中的一次性牙刷质量低劣导致客人口腔受伤而投诉，进而对民宿整体的质量水平产生怀疑和不满。

（五）服务状态标准

服务状态标准是针对给客人所创造的环境状态、设施设备使用保养水平提出的标准。例如，客房设施应保持完好无损，所有电器可以正常使用，卫生间24小时供应热水，地毯无灰尘、无霉变等。

（六）服务态度标准

服务态度标准是对服务人员提供面对面服务时所应表现出的态度和举止礼仪做出的规定。例如，服务人员接待客人时应面带自然微笑，站立时不得前倾后靠或双手叉腰、搔头挖耳，当着客人面不得高声喧哗、吐痰、嚼口香糖等。

（七）服务技能标准

服务技能标准是指服务人员应具备的服务素质和应达到的服务等级水平，规定服务人员应具有的服务经验和应掌握的服务知识，以及特定岗位上的服务人员能够熟练运用的操作技能。例如，一名客房清扫员应能在30分钟左右完成一间标准客房的清扫工作。

（八）服务质量检查和事故处理标准

服务质量检查和事故处理标准是对前述服务标准的贯彻执行所制定的标准，也是服务质量的必要构成部分。发生服务质量事故时，一方面要有对员工的处罚标准，另一方面也要有事故处理的程序和服务补救措施。

二、服务质量控制

民宿既要有周到、精细化的服务，同时也有富有人情味的关怀，两者相辅相成。服务质量是由有形的设施和无形的服务构成的，有形的设施是看得见、摸得着的硬件，其质量控制相对容易；无形的服务是软件，主观性强，差异性大，不容易控制。因此，服务质量的控制主要是对软件质量的控制。

（一）服务人员合理配置

要保障民宿的服务品质，首先要有服务的员工。民宿一般需要以下几类人员：清洁人员、厨师、杂工、民宿管家、民宿经营者。一些民宿经营者为了节省运营成本，往往一人包办所有的事情，结果不但导致自己疲惫不堪，而且服务质量也很难保证。全职的民宿经营者在淡季确实可以兼任管家、杂工等工作，但民宿管家的职位无法取代。

假设某民宿共有10间房，定位中高端，其合理的员工配置如下：1位清洁人员负责打扫卫生、1位杂工处理日常杂物、1位厨师负责做饭、3位民宿管家负责提供"一对一"管家服务，包括但不限于为客人规划行程、安排接机服务，确保每位客人都能得到细致入微的照顾。布草等的清洗工作采取外包模式，保证运行规范、井然有序。

（二）服务标准有机融合

好的服务品质需要有一定的服务标准。民宿虽然标榜为非标准化住宿，但仍需要在规范化服务与非标准化的服务之间寻找一个平衡点。例如：在民宿卫生、入住手续、接送服务、突发事件的处理等方面应规范化、标准化，以保障服务质量；在微笑、聊天等涉及情感互动等方面，则不必刻意标准化，采用"家的温馨呵护，像朋友一般相待"的软性标准，更容易获得客人的好感和信赖。

（三）员工培训因地制宜

员工培训和服务质量管理紧密相连，要确保服务质量，赢得良好口碑，首要之务便是培训员工。所以服务质量的根本与口碑的塑造归根结底在于员工的专业素养和态度。乡村民宿的很多员工都是当地的村民，他们缺乏专业的服务背景，受教育程度一般较低，因此培训十分重要。民宿员工培训不应拘泥于酒店那样极其严谨的模式，除培训一些标准化服务，如清扫房间、办理入住手续、打理个人形象、应对突发事件外，更重要的是培养员工的归属感，调动员工的积极性，让他们像对待家人一样，以满腔的热情与真挚的关怀去服务每一位客人，让他们深切感受到"家"的温暖与舒适。

民宿需求仍在持续增长和升级，未来还有很大的发展空间和潜力。品质化、多元化的民宿，符合旅游消费升级的大方向，契合人们回归自然、体验民俗风情的渴求，有望成为大众深度休闲的重要载体。民宿应加强产业融合、突出文化特色、提高服务水平，更好地满足客人多层次、个性化、品质化的消费需求，也能为旅游业高质量发展贡献更大力量。

同步案例

不想再开民宿"盲盒"

小李5月在某旅游平台浏览时,被一温泉别墅吸引,该温泉别墅看起来豪华整洁,综合评分为4.7分,小李便以每晚1500元的价格预订了这间民宿。然而,当他满怀期待地入住时,眼前的景象却让他大失所望。

该民宿实际情况与其在旅游平台上展示的照片完全不符,而且卫生状况和硬件设施非常差,房间内都是灰尘和污渍,厨房里满是油污,根本无法做饭、烧烤。

小李认为,商家存在严重的欺诈行为,要求更换到与宣传图片一致的房间,但遭到拒绝,当时联系旅游平台也未解决问题,只好勉强住下。

事后,小李与商家协商无果,向市消费者协会进行投诉。经多次调解,最终由旅游平台赔偿小李500元。

(资料来源:作者自行整理)

思考:这个案例给你什么启示?

教学互动

民宿服务质量检查

请参照表4-1巡房任务检查项目清单,依托实训室完成模拟巡房任务,评价方式为同学互评和教师点评。

表4-1 巡房任务检查清单

巡房任务	项目	保洁检查	其他检查项目	备注
房间	地面	☐	是否扫拖干净,有无水印	注意床柜底下、窗台等卫生死角
	墙面	☐	壁纸有无破损	如有破损及时报修
	床品	☐	是否更换床单、被套、枕套	三无:无毛发、无污渍、无破损
	垃圾桶	☐	是否更换垃圾袋	—
	家具	☐	是否有损坏	有损坏及时报修,抽屉中无垃圾
	电视/投影	☐	画面及声音是否正常	检查遥控器数量

续表

巡房任务	项目	保洁检查	其他检查项目	备注
房间	空调	☐	是否运转正常	检查遥控器；确保空调不漏水
	小家电	☐	吹风机、加湿器等是否使用正常	确保Wi-Fi正常联网
	灯具	☐	照明及浴霸是否正常点亮	检查墙面开关是否清洁
	沙发/地毯	☐	是否有污渍及杂物	注意沙发缝隙
	门、窗	☐	是否可以关严并上锁	—
卫生间	玻璃及镜子	☐	是否擦拭干净，有无水印	检查卫生间镜子及淋浴房隔断处
	卫浴设备	☐	表面水渍、污垢是否去除	检查下水道是否堵塞
	洗护用品	☐	是否补充及时	检查洗手液、洗发水、沐浴露是否需要补充
	毛巾	☐	是否干燥清洁	检查毛巾、浴巾、地巾
	一次性用品	☐	是否备齐	检查拖鞋、牙刷、卫生纸
	热水器	☐	是否可以正常上水	保证正常烧热水
厨房	操作台面	☐	燃气灶、油烟机是否正常	清理过期或变质的调料
	厨具/餐具	☐	是否收纳整齐	微波炉内部是否清洁
	冰箱	☐	结霜是否及时清理	清理前房客遗留的食品等
	洗衣机	☐	是否可以正常使用	—

任务四　民宿安全管理

对客人而言，民宿产品体验不仅包括客房的床位、餐厅的美食，也包括客人消费这些物质产品时所获得的愉悦和舒适的感受。归根结底，使客人产生愉悦感、舒适感和满足感的基石是安全，缺乏安全的产品，不仅满足不了客人的需求，还会对其安全造成威胁，也会给民宿带来无法弥补的损失。

一、安全设施配备

为维护客人的人身和财产安全,民宿内会安装和配置安全设施设备。民宿管家要定期对安全设施设备进行检查和维护,确保安全设施设备处于良好的状态。做好民宿的设施设备维护,是保证民宿优质服务和降低民宿运营成本的重要途径。

(一)安全设施

安全设施包括监视系统设备、配电房、生活水泵、消防报警系统与消防水泵、灭火器材及便携式消防设备等,这些设施应定期检查和保养,保证安全可靠。室内需要配备干粉灭火器,以便发生火灾时第一时间实施救援,此外,还要配备与所在楼层对应的安全绳(内芯钢丝)、安全手套、应急手电筒、消防口哨等。

民宿消防设施与用品如图4-1所示。

图4-1 民宿消防设施与用品

(二)配套基础设施

配套基础设施包括排风设备、供暖装置、水箱、水池、排污泵等。与水、电、气、暖等相关的设施设备及娱乐休闲设施设备等都应定期检查和保养,确保其处于良好的工作状态且安全可靠。广告牌、空调外机等室外设施设备及线路应安装规范、牢固,不影响通行及人身安全,还要注意有良好的视觉效果。对于存在潜在危险的区域和设施应设置醒目的安全警示标识,提前告知客人安全注意事项。

(三)客房设备

客房设备包括照明设施、插座、各式灯具、烧水壶、家具、热水器、门窗等。门需要配置猫眼、防盗链、机械锁等,室内反锁室外打不开;不论高层还是低层,窗户都要设置限位器,并在房屋内醒目位置粘贴必要的安全提示。玻璃门及淋浴玻璃隔断一定要粘贴防爆膜,以防玻璃破裂时碎片飞溅伤人;卫生间的防滑措施一定要做到位,铺设防滑瓷砖、放置防滑垫、提供防滑拖鞋,浴室内必须张贴醒目的防滑安全提示;热水器也是房屋当中容易存在安全隐患的设备,需特别关注。对于电热水器,应进行安全自查,确保其有接地装置,采取防护措施以防止漏电;对于燃气热水器，一般在公寓中是不允许使用的，要注意更换成电热水器，如果特定区域允许使用燃气热水器，务必检查燃气外排是否符合要求，是否有相关排风装置，以排除安全隐患。

二、安全预防工作

除了配备安全设施，民宿管家还需要掌握扎实的安全知识和技能，才能营造出一个让客人安心、舒心的住宿环境。任何时候安全问题始终都应该放在首位，提前做好安全防范工作是对自己和客人负责的表现，可以有效避免各类潜在安全隐患。

民宿楼梯安全提示如图4-2所示。

图4-2 民宿楼梯安全提示

（一）注重客人安全

民宿管家可以通过客人的谈吐、朋友圈风格、之前的预订信息等方面判断和了解客人。如果发现客人有不良记录，就要格外注意，不能说一定不将房子预订给这样的客人，但一定采取更为小心谨慎的态度。

此外，为确保客人安全，房间内应备有紧急救生手册，以图文并茂的形式清晰介绍包急救方法（如人工呼吸等），普及急救常识，以便在紧急情况下能迅速应对。

（二）检查安全设施

房间内的硬件设施一定要定期检修，尤其是电器。一旦发现问题要及时修理或更换。电器的老化造成短路等也是安全问题的重点，一定要保障其合规性；走廊处或者房间门外安装监控，有利于掌握整体情况，在不触犯隐私的前提下最大限度地保障双方安全；房屋内要安装烟雾报警器。

（三）关注消防安全

根据《乡村民宿服务质量规范》（GB/T 39000—2020），以及国家及当地民宿消防安全的有关规定，民宿消防安全管理措施包括但不限于以下方面。

（1）每间客房应设有开向户外的窗户，确有困难时，可开向开敞的内天井；窗户不宜设置金属栅栏、防盗网、广告牌等遮挡物，确需设置时，应易于从内部开启，并可供客人逃生。

（2）每间客房应在明显部位张贴疏散示意图，并按照住宿人数每人配备手电筒、逃生用口罩或消防自救呼吸器等器材。

（3）疏散通道和安全出口应保持畅通，3层及3层以上楼层应每层配置逃生绳等逃生设施。

（4）每25平方米应至少配备一具2千克以上水基型灭火器或ABC干粉灭火器，并放置在各层的公共部位。

（5）厨房与建筑内的其他部位之间应采用防火分隔措施。

消防安全疏散图和消防应急包分别如图4-3、图4-4所示。

图4-3　消防安全疏散图

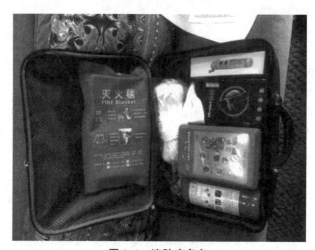

图4-4　消防应急包

民宿消防安全提示如下。

（1）掌握火场逃生常识，一旦发生火灾，要第一时间拨打"119"，正确判断火势情况，做到小火快跑、浓烟关门。

（2）民宿的经营仓储区域必须与人员住宿区域、楼梯通道等用实体砖墙进行分隔，以防止发生火灾时烟气蔓延至人员生活区域，窗户安装防盗网时，要预留可以从房间内开启的逃生窗。

（3）要注意用火用电安全，严禁遗留明火、烟头等火种，做到人走火灭电断，不要私拉乱接电线，不超负荷用电。

（4）不同区域和楼层都要配备足够的灭火器、逃生面罩等常用消防器材，并且要掌握使用方法。

安全问题渗透在生活中的每个角落，有时候即使是微不足道的细节，也可能隐藏着重大的安全隐患。想要防患于未然，民宿不仅要在硬件设施上尽量做到尽善尽美，还需要具备良好的安全意识，时刻把安全放在第一位。

民宿安全问题

三、突发事件应急处理

民宿在经营中难免遇到突发事件，严重时可能会危害到客人与工作人员的人身安全。因此，民宿管家肩负着维护客人与民宿生命财产安全的重任，要制定突发事件的应急预案并在日常工作中加以演练，以应对诸如火灾、突发疾病、治安事件等紧急情况。这样的举措，既是对客人安全的负责，也是民宿稳定运营的保障。

（一）火灾

民宿火灾一般由线路老化、煤气泄漏及未熄灭的烟头等因素引发，一旦发生火灾，应沉着冷静应对，尽力确保人身财产安全。

一旦发生火灾，要迅速启动应急预案。如果火势小，蔓延范围小，迅速使用灭火器进行灭火；如果火势无法控制，立即拨打"119"求助；疏散民宿中的所有人员到安全集合地点；切断电源，移出所有易燃易爆物品；如果客房不能再住人，还要安排好客人的住宿。

（二）盗窃

民宿中人来人往，尤其是旺季，小偷很容易趁乱作案。一旦发生盗窃事件，首先要保护好现场，并拨打"110"报警；警方人员到达后，应向其详细说明情况，如被盗地点、被盗物品数量及价值；监控视频移交警方，协助警方破案。

（三）突发疾病

客人入住期间可能会因水土不服等原因（如高原反应等）而生病。接到客人求助后，马上赶到房间查看客人情况，征求客人意见，是否需要就医；如需就医，马上安排车辆把患病客人送到就近医院或者向急救中心求助；处理过程中应注意不要打扰到其他客人，以免造成不必要的恐慌；患病客人如需住院，民宿管家应去医院探望慰问；同时与医院或患病客人的家属保持联系，了解患病客人的情况，给予必要的帮助。

（四）物品损坏

民宿可能会遇到房间内物品损坏的问题，比如床头灯坏了，结账时民宿要求入住客人赔偿，但客人坚持说不是他弄坏的。面对这种情况，民宿经营者应权衡利弊，如果非要向客人索赔，会花费大量的时间成本和客人沟通，同时还要面临客人给差评的风险。若权衡后决定不需要客人赔偿，应完善管理制度，在客人入住时收取适当的押金，以此作为保障，确保双方权益都得到妥善维护，避免类似事件的发生。

同步案例

令小雪"后怕"的入住经历

小雪是某公司的白领，在分享其入住某民宿的经历时，直言"后怕"，她认为对于女性而言，安全无疑是住民宿最重要、最关键的因素。

她入住的民宿需要与房东一家人合住，本以为这样会让自己更深入地体验当地居民的生活，可偏偏这家人只有男房东一个人常住在家，还经常约朋友在家聚会。更令她感到不便的是，她住的房间是日式推拉门，仅配备一把很小的滑锁，私密性和安全性得不到保障，用她自己的话来说："住这样的民宿全靠对房东的信任。"

思考：这个案例给你什么启示？

教学互动

民宿安全主题演讲

请以民宿安全为主题，围绕民宿安全相关内容准备演讲稿，时间为1～2分钟，旨在提醒民宿经营者"预防为主，安全第一"。

任务五　运营数据分析

一、数据的收集

（一）数据的类型

1. 客户数据信息

客户数据信息包括年龄、性别、学历、消费能力、住宿需求、出行目的、出行方式、预订方式等。

2. 民宿数据信息

（1）民宿基础数据。

民宿基础数据包括营业额、入住率、平均间夜价、单间实际收入、成本定价等。

（2）民宿运营数据。

民宿运营数据包括定价策略、动销策略、回复时长、回复率、接单率、接单时长、好评率、投诉率，以及部分平台推出的房源综合指数等。

3. 行业数据信息

（1）官方数据。

官方数据包括各地的政策法规、统计局的一些统计数据信息等。

（2）平台网络数据。

平台网络数据包括房源供给及需求的热力图、平台的总订单量、浏览量、间夜价以及城市热力分布图等。

（3）实时资讯。

实时资讯包括天气信息，如台风、地震、恶劣天气等影响客户出行的信息；还有城市热点事件，如会议、展会、颁奖典礼、演唱会、体育赛事等。

（二）数据收集的渠道

1. 官方渠道

政府部门或相关平台，比如中华人民共和国文化和旅游部官方网站、国家统计局，以及新浪、网易等平台的旅游板块，在节假日（如春节、中秋、国庆等假期）前后会发布出行及旅游的相关数据。

2. 民宿本身

房态管理软件（如番茄来了、订单来了等）内置"财务报表"功能，点开后有非常详细的数据信息，包括营业额、入住间夜数、平均间夜价等，这些数据对于精准把控经营收益及促进收益增长提供了实质性的助力与指导。

3. 各大平台

爱彼迎、途家等民宿平台通常都会定期（如半年或年终）对其平台上的行业数据进行汇总与分析，形成非常详尽的报告。

4. 自媒体和社交圈

自媒体和社交圈包括微信公众号、微博、小红书、抖音等，可以提供相关的数据，具有很强的指导意义。

二、数据的分析

（一）用户维度

在用户维度上，我们深入分析消费习惯、消费人群、消费能力等。以消费人群为例，民宿的预订性别比例中，男性占38%，女性占62%。根据这一信息，民宿的设计及设施设备的提供可能会更加倾向于女性的审美角度。

（二）民宿自身维度

从民宿自身维度出发，根据门店运营数据报表中统计的浏览总数、订单数，关注订单转化率的变化；同时通过分析间夜数、平均间夜价等把握入住率及营业额的变化，并根据这些数据做出运营策略调整。

（三）行业官方维度

在行业官方维度，我们可利用官方渠道获取相关信息。例如：法定节假日前关注中华人民共和国文化和旅游部官网，以及地方文旅部门官网发布的预测信息，并根据这些官方信息做出预判，确定节假日促销方案，调整经营策略等；通过城市热力图显示的人流量来调整房价；通过实时资讯了解天气变化、重大会议、体育赛事等对人流量的影响等，提前做好准备。

三、数据的应用

（一）产品定位

通过数据分析可以洞悉用户的体验和用户的需求，在民宿设计和配备方面融入多样化标签，比如设置亲子房、提供厨房设施、完善停车场配备，以及提供自助入住服务等。

通过数据分析可以了解民宿的需求和特性，对于民宿的选址有很大的指导性。下面以武汉和厦门的民宿选址区别为例进行说明。武汉是华中地区的交通枢纽，而且医疗资源非常丰富，2023年大学生人数在130万以上，从平台数据看，民宿的订单52.8%来自本地及周边的客群，武汉民宿的选址要更多地关注高校及医院等周边，而不要只停留在旅游景区周边；厦门作为一线旅游城市，民宿订单90%以上来自外来客群，鉴于此，民宿选址应优先考虑交通枢纽与景区周边，以便更好地服务庞大的外来客群，提升民宿的入住率与满意度。

（二）销售策略

建立多样化的价格体系，对房间进行分类，比如单间、两房、三房等，并根据不同使用场景（如商务出行或亲子旅游等）来制定相应的价格。在此基础上，严格管控成本，以制定既合理又具竞争力的价格策略。

根据市场供求状况进行动态定价。顺应市场，根据入住率和收益管理的指标让动态定价达到收益最大化。

关注平台浏览量在不同时间段的变化，比如午休时段（11点至13点）、下班时段（16点至18点）、夜晚黄金时段（20点至22点），这三个时段平台的浏览量会增大，咨询量也随之上升，应把握好这个关键节点。

当前OTA平台众多，建议集中资源于一至两个核心平台，将全部库存投放这些平台以进行销售。随着时间推移，随着平台销售额的增长，民宿在该平台上的权重将自然提升，进而推动排名不断优化。

（三）收益管理

收益管理可概括为"五个合适"：在合适的时间、用合适的渠道、以合适的价格、向合适的客户出售合适的房源，再通过成本控制获得最大收益。

民宿的成本由两部分构成：一是固定成本，包括房租、物业管理费、人工成本等；二是可控成本，包含电费、客房清洁费、床品清洗费、仓库的租用费、日耗品开支等，其中，电费作为可控成本的一部分，在特定季节（如夏季），其月度支出可能占据可控成本的一半乃至更多。

为了有效控制电费支出，可以采用两种方式：一是从硬件层面来把控，引入智能电力管理设备，把门锁和取电装置巧妙结合，客人进入房间时自动通电，客人离开房间时自动断电，达到省电的目的。二是峰谷分时，这是国家电网为了调控电力负荷，鼓励大家避开用电高峰，达到削峰填谷的目的。民宿通过峰谷分时，能节省大量电费，降低成本开支。

（四）优势转化

为增强竞争优势，可对产品进行差异化设计，比如民宿的独特风格设计、智能家居的引入、提高平台权重等，这些都能显著提升市场竞争力。

民宿应根据客人的需求不断创新对客服务，比如提供接车服务、专属管家服务、24小时值班服务、个性化旅游线路推荐，以及民宿管家精心准备的早餐等，让客人觉得该民宿与一般民宿是不一样的，并将这些特色和亮点都放到平台评论中，会加大浏览量和关注度，让优势不断转化。

民宿应注重服务品质的提升。客人一旦下单，民宿立即启动前置服务，与客人准确对接，将客人拉入专属的服务群里面，在客人到店前就开启全方位的贴心服务，如告知出行的注意事项、入住需要携带的证件、天气情况、着装建议，以及介绍房源特色、需要做哪些准备等。

（五）品牌打造

据不完全统计，国内有75%以上的消费人群倾向于选择品牌产品，同样的位置、同样的价格人们会选择品牌民宿入住。所以，民宿要形成品牌价值，培养客人的忠诚度，吸引并稳固客户群体，这对民宿长期稳定经营具有至关重要的意义。

同步案例

> **3分钟带来的收益**
>
> 某民宿平台运营一段时间后发现转化率一直不高，经过数据分析发现，客人提出问题后回复时间过长导致了一部分客人的流失，因此该平台将回复时间从原来的5分钟缩短为2分钟，严格执行2分钟之内回复客人提出的问题的要求。这一举措实施的第二个月，平均转化率就提高了0.6个百分点。
>
> 思考：这个案例给你什么启示？

教学互动
Jiaoxue Hudong

数据分析应用

将整个班级分为5组，每一组选择以下5个项目中的一项进行调研，收集数据并进行分析，最终形成方案，在全班分享，评价方式为组间互评和教师点评。

（1）调查在校生的消费情况及需求，为想在学校周边创业的人士提出建议。

（2）调查调查在校生对食堂的满意度，向食堂经营者提出改进建议。

（3）调查在校生对宿舍的满意度，向学生管理部门提出改进建议。

（4）调查在校生对图书馆藏书种类的满意度，向图书馆管理人员提出购书建议。

（5）调查在校生对提升学校知名度的创意，向学校宣传部门提出建议。

项目小结

民宿的日常管理工作涵盖内容较广，民宿管家必须成为一个好的"当家人"才能胜任。俗话说"不当家不知柴米贵"，日常管理中不可避免地要进行物料的采购，民宿管家作为"当家人"，一要货比三家，控制好采购成本；二要勤俭持家，在日常运营中，注重设备的维护和保养，更高效地管理用品，降低日常运营成本；三要让客人感受到"家"的温暖，从入住前到住店直至离开，全程都要让客人体验温馨、舒适的环境，感受细心、贴心、暖心的服务；四要"两手抓"，既要确保安全设施配备齐全，又要让应急预案深入人心，做到防患于未然，让客人住得安心；五要实时掌握收支情况、客人的反馈情况等信息，成为真正的"当家人"。

项目训练

一、知识训练

1. 以民宿布草及餐具为例，谈谈如何做好民宿物资的采购工作。
2. 如何做好民宿的质量管理工作？
3. 请列出民宿配备的安全设施及用途。
4. 如何做好民宿的安全预防管理工作？
5. 什么是收益管理？如何做好民宿的收益管理工作？

二、能力训练

1. 分小组实地调研当地2~3家民宿，分析这些民宿目前存在的问题并提出改进措施。
2. 分小组拟写一套民宿安全预案。
3. 分小组通过网络收集民宿客人差评案例100例，分类汇总并进行数据分析，提出解决方法。

项目五
客户关系维护
——常"回家"看看

 项目描述

客户是企业最重要的资源。对于民宿来说,同样也是如此。民宿管家需要通过客户关系维护,吸引新客户、保留老客户以及将已有客户转为忠实客户,并让他们常"回家"看看。本项目主要介绍民宿管家应该如何收集客史资料、为客人提供个性化服务,妥善处理客户投诉以及进行网络口碑维护。

 **项目目标**

知识目标

1. 掌握客史资料收集的方法。
2. 掌握个性化服务的知识。
3. 掌握客人投诉处理的原则和流程。
4. 掌握网络口碑维护的方法。

能力目标

1. 能有效收集客史资料并服务于客户关系维护。
2. 能根据不同客人的需求灵活进行个性化服务,从而提升客人满意度。
3. 能有效处理客人投诉。
4. 能回复客人的网络评价,进行网络口碑维护。
5. 能进行数据分析并应用。

素养目标

1. 培养良好的观察和感知能力。
2. 培养良好的团队合作精神。

3. 培养创新意识与创新能力。
4. 培养良好的沟通能力。
5. 培养积极主动的服务意识。

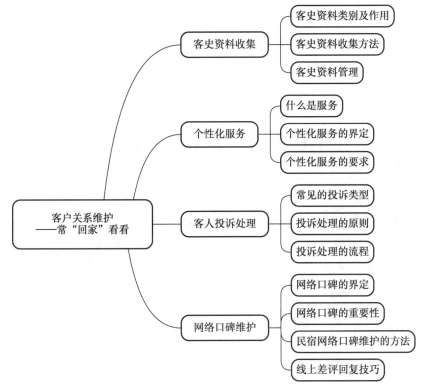

学习重点

1. 客史资料收集。
2. 个性化服务。

学习难点

1. 客户投诉处理。
2. 网络口碑维护。

案例一

"这里有美景美食,服务周到,让人来了就不想走,下个假期会带上孩子再来。"这是来自上海的客人在离开某海岛民宿时在留言簿上的留言,字里行间流露出对这段美好度假时光的眷恋与不舍。

案例二

早上9点,民宿餐厅开始热闹起来。"您昨晚休息得好吗?""早餐还合口味吗?""一会儿想去哪儿转转?"在餐厅帮忙的民宿管家应把握与客人互动的好时机,认真记下客人不经意吐露出的需求,并计划在这一天中找机会满足他们的需求。

(资料来源:作者自行整理)

思考:民宿管家在日常服务中应如何与客人建立起良好的宾客关系,从而吸引回头客,甚至让老客户帮忙介绍新客户?

任务一 客史资料收集

在住宿服务业中,客史资料是企业在对客服务过程中对客人的自然情况、消费行为、信用状况和期望等做的历史记录。建立客史档案是现代住宿企业经营管理的重要一环,有助于企业了解客人、掌握客人的需求特点,从而能够为客人提供更具针对性的服务。客史资料收集在民宿运营管理中具有十分重要的作用。

一、客史资料类别及作用

(一)客史资料类别

1. 常规资料

客史资料中的常规资料包括客人姓名、性别、年龄、出生年月、婚姻状况以及地址、电话号码、公司名称、职务等。如果是外国客人,除需要知道以上情况外,还应知道其国别、肤色、宗教信仰等。收集这些资料有利于了解民宿目标市场基本情况。

2. 预订资料

预订资料包括客人的订房方式、订房数量、订房时间、订房类型、订房原因等。

3. 消费资料

消费资料包括房间价格、客人入住的具体房型、餐饮费用,以及商品购买、娱乐活动等项目的开支。通过记录客人偏好的房型和娱乐方式,从而了解客人的消费水平、消费喜好。同时,习俗、个人爱好以及反馈意见等档案信息的积累,也为全面了解客人提供了重要依据。

（二）客史资料作用

1. 为客人提供个性化服务，提升客人满意度

民宿收集客史资料，可以了解客人更多的消费习惯与消费需求，及时为客人提供个性化服务。标准化、规范化服务是保障民宿服务质量的基础，而个性化服务则是服务质量的灵魂，要提高服务质量，必须为客人提供更加富有人情味的、突破标准与规范的个性化服务，这也是民宿最大的服务特色。

2. 提升民宿服务质量，吸引回头客

通过客史资料中的客人评价信息，可以了解民宿服务中存在的不足或弱项，进而通过员工培训、服务优化及硬件设施升级等措施，全面提升服务质量，强化民宿的内在实力。同时，客史资料的有效收集有利于民宿深化与老客户的情感联系，激发其口碑传播效应，吸引更多新客户的光临。

总之，客史资料在促进民宿销售、优化经营管理及提升服务质量方面发挥着不可替代的作用。

二、客史资料收集方法

（一）客人入住登记信息

基本的客史资料信息即常规资料和预订资料可以从客人入住登记信息中直接获得，便于民宿在客人抵店前提前做好相关准备。

（二）客人意见书

客人意见书，即针对客人入住体验的调查问卷，是住宿行业广泛采用的一种传统信息收集方式，但是由于其栏目烦琐而不便于填写，内容太笼统而反映不出具体问题，放置位置不显眼而客人留意不到等原因，往往回收率极低。

在如今的移动互联时代，民宿可以采取线上问卷的形式，让客人在结账离店时扫二维码填写问卷，这样既有针对性且回收率高。问卷内容包括客人对民宿整体或局部服务质量的评价、对民宿服务人员的评价、对设施设备的建议、入住或消费时对价格的满意程度、客人的消费次数（是不是回头客）、是否会介绍朋友入住等。在民宿市场竞争激烈的形势下，必须高度重视客人的反馈意见，努力提高客人在各个方面的满意程度。

（三）员工意见反馈

员工在客人入住期间与客人接触最为频繁，在服务过程中，会接收到客人的意见或建议，比如客人进入客房时可能会提到"房间采光不是特别好，有点暗"等意见，同时，客人的喜好也常在不经意间流露出来，一线服务人员可以第一时间通过观察获得。例如，有的客人在民宿住好几晚，服务员在打扫房间时发现客人把床尾巾、靠枕、多余的枕头都放到了椅子上，由此可以猜测客人晚上休息时不需要这些物品，因此在打扫房间时可以将物品放进衣柜，给客人一个干净、整洁的休息环境。

民宿中的一线员工可能是民宿主人、民宿管家，也可能是客房清扫员、厨房或餐厅的服务人员等，应注意观察、收集客人信息，及时在工作群交流，以便后续能够将这些信息准确备注，为提供更贴心、个性化的服务奠定坚实基础。

（四）现场访问

民宿还可以采取现场访问的形式，由民宿主人或者民宿管家面对面与客人进行访谈，从而获得客人意见。现场访问一般要注意选择时机，如入住的客人是几户相约出行的家庭客人，均带有孩子，行程相对较为宽松，以休闲度假为主，可以在小朋友游戏期间，访问陪同的家长，氛围轻松活跃一点，同时可以赠送民宿自制的纪念品给小朋友。

（五）经营数据分析

除了提供住宿服务，民宿一般还提供餐饮、娱乐及纪念品等多元化产品，可以通过深入分析产品销售数据来了解客人的喜好，及时调整产品。例如，菜单上某菜品一个月都没有客人点单，就要思考是菜名不够吸引人还是其他因素所致。有的民宿会销售文创产品或土特产品，可以通过分析月销量及复购率等数据，从而开发更多适销对口的产品，让客人满意，也提高民宿的收入。

三、客史资料管理

（一）树立全店的客史资料管理意识

客史资料源于日常的对客服务细节，绝不是少数管理者坐在办公室内就能得到的资料，它需要民宿全体员工高度重视，在对客服务的过程中有意识地收集。因此民宿在日常管理、培训中应向员工传播"以客户为中心"的经营理念，宣传客史资料信息的重要性，培养员工的档案意识，形成人人关注、人人参与收集客户信息的良好氛围。

员工相对于民宿管理者来说，与客人接触较多，对客人的需求及满意情况更为了解，他们的信息来源丰富、快捷、直接、可靠。他们能在第一时间听到客人的反馈，如"大厅的灯光太暗了""毛巾太硬了，用得非常不舒服""枕头低了"等。

另外，员工往往也有很多想法与建议，如能通过合理的渠道加以收集，其效果将是非常显著的。民宿管理者应加强对员工的培训，使他们掌握收集信息的技巧，提高对信息的敏感度。另外，民宿管理者还要从制度上提供保障，建立一个快速反馈机制，确保员工能广泛收集意见并及时传达，并成为员工工作不可或缺的一部分。

赠品改为欢迎礼

（二）建立科学的客户信息制度

客人信息的收集、分析应成为民宿日常工作的重要内容，应在服务程序中将客人信息的收集、分析工作予以制度化、规范化。如可规定每月民宿管理者最少应接触5位客人，民宿管家最少应接触15位客人，了解客人的需求，普通员工每天应提供2条以上客史信息等。

在日常服务过程中，应为员工明确指示观察客人消费情况的要点。例如，客房部员工在整理客房时应留意客人枕头使用的个数、茶杯中茶叶的种类、电视停留的频道、空调设定的温度、客房配备物品的使用情况等。餐厅员工可注意客人菜品选择的种类与口味偏好、酒水的品牌、剩余菜品的数量，以及就餐过程中对酱油、醋、咸菜等的要求等，从这些细节中员工能够捕捉客人的许多消费信息。

民宿应建立客人信息分析会议制度，确保每个员工都能参与。员工应根据自身观察到的情况，对客人的消费习惯、爱好做出评价，形成有用的客史档案。

（三）形成计算机化管理

随着民宿经营的发展，客史档案的数量将越来越多，靠人工管理是非常困难的。目前一些民宿的客人资料是由民宿管家或者店长通过私人微信账号进行管理，那就可能会出现由于员工离职等原因造成客人信息资料丢失的问题。因此客史档案的管理必须纳入民宿信息管理系统中。目前，民宿市场的信息管理系统也在不断发展中，以满足民宿多方位的需求，具体包括财务报表、客人管理等模块，这对于解决民宿客人资料信息管理是非常好的选择。

信息管理系统的客史档案管理板块最好应具备以下功能：第一，及时显示功能，在民宿每个服务终端，当输入客人基础数据，系统能够立即显示客人的相关信息资料，为对客接待提供依据；第二，检索功能，计算机检索是档案信息现代化的标志之一，客史档案要便于随时补充、更改和查询；第三，信息共享功能，客史档案要发挥作用，必须实现信息的快速传递，通过信息管理系统实现客史档案的资源共享是客史档案管理的基本要求。

（四）利用客史档案开展经营服务的常规化

"知己知彼，百战不殆"，这一智慧同样适用于民宿的经营之道。每一位入住民宿的客人都需要登记身份证（或其他证件资料）和联系方式，通过这些资料，民宿可以获得客人年龄、住址、联系方式等信息。民宿可以定期回访客人，并根据客人的年龄、地区、爱好在重要时刻或者节日送去祝福或小礼品，以此"精心呵护"每一段客户关系。只有深入了解并满足客户需求，才能将他们牢牢地"抓住"。要知道，维护好一位老客户的价值，往往远超开发新客户的数倍利润，这是民宿可持续发展的关键所在。

王永庆
卖米

任务二　个性化服务

在休闲度假旅游不断发展的今天，民宿已经成为不少游客出门住宿的重要选择，甚至一些民宿本身已经成为旅游目的地。民宿为什么吸引客人？是风景优美、山清水秀的自然环境，是勾起儿时回忆的地道农家菜肴，还是与你侃侃而谈的热情的民宿管家？其实，乡村民宿吸引客人的原因就在于它的差异化、多样化、个性化。

一、什么是服务

服务通常是指履行职务，为他人提供协助，并使他人从中受益的一种有偿或无偿的活动，其核心在于以劳动的形式满足他人的某种特殊需要。在民宿行业中，服务是指在客人住店前、住店期间和离店后等特定时段与空间内，为满足客人需要所提供的一切活动。

在国际旅游业中，服务的英文"SERVICE"有如下解释。

S，即Smile，表示微笑。微笑是服务的灵魂。

E，即Excellent，表示出色。服务员应将每一个服务程序：每一个微小的服务工作都做得出色。

R，即Ready，表示准备。服务员应该随时准备好为客人服务。

V，即Viewing，表示看待。服务员应该将每一位客人看作是需要提供优质服务的贵宾。

I，即Inviting，表示邀请。服务员在每一次接待服务结束时，都应该显示出诚意和敬意，主动邀请客人再次光临。

C，即Creating，表示创新。管理者和服务员都要有创新精神，给客人惊喜。

E，即Eye，表示眼光。每一位服务员始终应该以热情友好的目光关注客人，敏锐地捕捉并适应客人的心理变化，预测客人要求，及时提供有效的服务，使客人时刻感受到服务员在关心自己。

因此，服务意味着以出色的技能，加上温暖的微笑、亲切友好的目光，时刻准备着为客人提供服务，如对待家人一般，为客人创造一个温馨的氛围。当客人即将离开时，诚挚地邀请客人再次光临。

二、个性化服务的界定

（一）个性化服务的概念

个性化服务应根据用户的需求来实现，依据各种渠道对资源进行收集、整理和分类，向用户提供和推荐相关信息，以满足用户的需求。从整体上说，个性化服务打破了传统的被动服务模式，充分利用各种资源优势，优化产业链，致力于全方位地满足每一位用户的个性化需求。

（二）民宿个性化服务的内容

1. 个性设计

民宿可以通过提供独特的住宿体验来吸引客人。例如：根据不同的客人群体和消费需求对房间进行装修装饰和布局设计等；通过组织丰富多彩的主题活动，如亲子教育类课程、户外拓展训练、陶艺课程、采茶制茶体验活动等，来提高客人的入住体验和忠诚度。

2. 个性餐饮

民宿的个性餐饮服务也是吸引客户的重要手段之一。与综合型酒店大而全的餐饮服务不同，民宿一般提供早餐服务，有的民宿额外提供正餐和其他特色餐饮体验，如当下流行的咖啡品鉴、茶饮服务、烧烤轰趴等。

3. 个性化商品

民宿可依托特定的地域文化资源开发丰富的个性化商品。例如，定制化的当地特产或纪念品等，都可以作为吸引客人的有效手段。此外，将当地的土特产品和民俗文化深度融合，打造具有地方特色的旅行购物体验，丰富旅游消费的内涵。

4. 定制化服务

民宿通过收集客人信息资料，为不同的客人提供有针对性的服务，即定制化服务。例如：假如客人喜欢美食，民宿管家可以为客人提供当地特色美食，或者根据客人的口味和饮食习惯，提供定制化的餐饮服务；如果客人喜欢探险，民宿管家可以为客人提供当地探险活动的信息和建议，并为客人定制探险路线，帮助他们体验当地的自然风光和文化风情。

5. 互动性服务

民宿的个性化服务还体现在可以通过提供互动性强的服务，增强客人的住宿体验。例如，民宿管家可以为客人进行当地文化的讲解、历史介绍等，让客人更好地了解当地的文化和历史。此外，民宿管家也可以与客人进行互动，如一同品茶、交流旅游经验、分享各自的生活故事等，这些互动不仅丰富了客人的住宿体验，还显著提升了客人的满意度和忠诚度。

三、个性化服务的要求

个性化服务因其灵活性和针对性强成为吸引住客的有效方式，也是提升民宿知名度的有效途径。为了确保这一优势得以充分发挥，管家需要特别注意以下几点。

（一）掌握相关知识

为了更好地服务客人，民宿管家需要不断地学习，掌握在地文化、旅游资讯、风土人情、交通出行、人文雅集等多个相关领域的知识，以满足不同时期、不同客人的需要。

案例分享

接待汽车技术顾问

某民宿接待了一家新能源汽车公司的技术顾问刘先生，民宿管家小李知道后便细心琢磨着如何与刘先生交流，提供个性化服务。小李在为刘先生提供开夜床服务之际，送上了一本介绍新能源汽车的杂志给刘先生。

刘先生高兴地说："小伙子，你对新能源汽车也感兴趣啊！"小李忙接上话头："我是汽车爱好者，平时喜欢去看车展，对贵公司出产的××系列新能源汽车特别喜欢。"这下打开了刘先生的话匣子，刘先生开始跟小李聊起了新能源汽车的特点与不同的品牌。

原来，小李之前特意花费了一天时间了解了刘先生担任顾问的那家新能源汽车品牌的相关情况及最新研发的汽车系列。

（资料来源：作者自行整理）

点评：不同文化背景和知识水准的人，语言表达各具特色。从事不同职业、拥有不同专长的人，他们脑中的信息储备类型和兴奋点也是不一样的。如果能抓住对方职业或专长的关键点，以此诱发话题，就能较为容易地激发对方交谈的热情，进而产生共鸣。

（二）具备超前意识

民宿管家应想客人之所想，急客人之所急，甚至客人没想到的，民宿管家都已经替客人想到了。例如，海南一家民宿暑假期间订房率很高，但是气象预报显示近期当地将有台风过境，为防止客人到来之后突遇台风，影响出行安全，民宿管家提前联系每一位预订的客人，耐心解释，让客人及时办理延迟入住或者取消预订。接下来几天，当地确实遭受了较为严重的台风侵袭。民宿及时为客人规避了风险，尽管自己承担了一定的经济损失，却得到了客人的一致好评。具备超前意识就是要树立个性化服务的理念，真诚地为客人服务，多站在客人角度思考问题，并主动将服务做到客人开口之前。

（三）塑造家人形象

这里的塑造家人形象是指民宿管家在接到客人预订之后就需要快速塑造的形象。旅游的本质是到异地深度体验，在异地产生的陌生感同样会让客人产生诸多不便。因此管家需要快速熟悉客人的基本情况、生活习惯和特殊要求，在为客人及时服务的同时拉近与客人的距离，消除客人的陌生感，为客人营造"宾至如归"的温馨氛围。很多时候，客人选择民宿，看中的就是那种"家"的感觉。

（四）快速、准确、细致

快速、准确、细致是民宿管家在个性化服务里需要遵循的原则。民宿管家应快速响应并解决客人提出的问题，准确把握客人的心理，关注细节，把服务做到极致，让客人满意。例如，客人入住后发现房间里的电视机无法使用，管家在3分钟内就出现在客人的房间并帮助客人解决了问题；又如，民宿管家在打扫房间时发现客人房间里有一个大西瓜，猜想客人应该是想品尝当地的西瓜，而不想千里迢迢地带回去，于是民宿管家贴心地为客人准备了盘子、水果刀和牙签等物品，方便客人享用。

任务三　客人投诉处理

客人投诉是对民宿提供的服务设施、设备、项目，以及问题处理结果的不满与批评，包括抱怨或控告等。严重的话，客人甚至会寻求相关部门介入调解。投诉形式多样，一般是面对面的，也有可能通过电话投诉，甚至有的客人直接在网上发布差评来表达他们的不满。如果出现客人投诉，需要及时补救处理，以免造成更大的损失。

一、常见的投诉类型

（一）对设施设备的投诉

客人投诉一部分集中在对民宿外部配套设施及内部设施设备上。很多乡村民宿存在着道路交通不畅、商业餐饮配套设施不完善、水电供应不稳定，以及停车场、厕所等一些基础设施达不到要求等方面的问题，这些问题导致客人难以顺利到达民宿或入住后体验不佳，进而引起投诉。此外，部分民宿由于老房改建等原因，内部设施设备存在不足，如隔音效果差、房内插座面板数量不足以满足客人多设备的充电需求等，同样会引起客人的投诉。

（二）对产品质量的投诉

民宿的基本产品主要是客房和早餐，除此之外，有的民宿还提供丰富的配套产品以提升客人体验。但是，如果客房清扫不到位，如卫生间留有毛发、床品洗涤不干净、房内留有烟味，肯定会引起客人不满进而投诉。餐厅的整体环境、菜品质量、餐具卫生及服务人员的着装整洁度等也是影响客人评价的重要因素。因此，民宿产品质量中的卫生和安全永远是客人最为重视的，民宿一定要十分注意。

目前网络营销十分普遍，很多客人都是根据一些自媒体平台上的推荐来选择民宿的。当客人来到民宿，觉得民宿实际与网上的宣传差距较大，达不到预期时，也会进行投诉。

（三）对服务人员的投诉

对服务人员的投诉主要集中在其提供的服务上。如有的民宿员工在给客人办理入住过程中，业务不熟练，让客人等待时间较久，且全程没有和客人有眼神交流，让客人感觉不到尊重；或者员工对于客人所提的要求没有迅速响应，也会引起客人投诉。

二、投诉处理的原则

（一）正确认识客人的投诉

民宿要以欢迎与感谢的态度对待客人的投诉。当客人选择线下投诉，说明对民宿仍存在期待，希望民宿改进产品和服务，以期下一次入住获得满意的体验。而一些客人若有不满意会悄悄地转身就走，以后不会再来，甚至还会把自己的负面经历转告给身边的朋友。因此作为民宿经营者或管家，要正确认识客人的投诉，他们的投诉不是刁难，不是挑刺，而是为民宿的发展出谋划策。

（二）耐心倾听客人的意见

客人的投诉多是伴随着情绪的发泄，如同突如其来的暴风雨。因此在与投诉的客人进行沟通的时候，一定要耐心听取客人的意见乃至抱怨，不针锋相对、不辩解、不轻易下结论，而且要有同理心，主动换位思考，以真诚的态度传递理解和同情，从而有效缓解客人情绪，为后面妥善解决投诉问题奠定基础。

（三）迅速采取挽回的行动

民宿应始终坚持"客人的要求可能是不合理的，但客人的利益永远是第一位的"的理念。在倾听客人投诉时，应设身处地，表达深刻的同情和理解，对所有的客人投诉都不争辩，首先进行自我反省，承认可能存在的过失或不足，然后迅速地采取行动。能够快速整改的就快速整改，确保能满足客人需求；不能整改的或短期内难以改变的问题，也要坦诚相告，告诉客人相关的原因，争取客人的理解，努力修复在客人心目中的形象，防止客源流失。

总之，有效的投诉处理不仅是民宿提高服务与管理水平的契机，也是衡量民宿日常管理与服务质量的重要指标；同时有助于减轻客人的不满，维护并提升民宿的声誉，以及增强客人的满意度，稳固客源基础。

案例分享

热水引发的投诉

"这房间我不要了！"当值民宿管家一看，是二楼209房间的陈先生，刚才还开开心心办理了登记手续，怎么才进房间就气冲冲地出来要退房呢？管家赶忙迎上前去，将客人安排在阅读区入座，冲上一杯热红茶递给客人并开始询问情况。

原来，一身疲惫的陈先生进入房间后准备洗澡休息。结果放了10分钟都没有流出热水，便在微信中询问前台员工，前台员工给出的解释是，他所住房间的水管破裂正在抢修，但无法承诺客人具体供热水的时间，这样的答复引发了陈先生的极大不满。于是陈先生来到前台要求退房。

民宿管家赶紧向客人致歉，安抚客人后，马上联系了维修人员，了解到一楼房间热水供应正常，于是询问客人，可否帮客人换到同等级的一楼106房间，并承诺客人次日退房时间延迟到下午4时，保证客人有充足的休息时间，客人表示满意。

（资料来源：作者自行整理）

思考：这个案例给你什么启示？

三、投诉处理的流程

（一）学会倾听

客人投诉时一般情绪会比较激动，这时，管家首先要做的就是引导客人到一个适宜的地方坐下，以便客人能在一个舒适的环境中充分表达不满与意见。倾听是此过程的关键，包含认真听、不打断、做记录三个方面。认真听就是要做一个好的听众，静下心来，全神贯注地捕捉客人的言辞，深入理解客人的真实诉求。不打断则体现了对客人的尊重，也是自身专业素养的一种体现，能够让客人顺畅地将想要表达的情绪和投诉的内容都说出来，便于了解事情的真相。做记录则是适当地将客人投诉的内容以文字形式记录下来，一方面让客人感受到民宿对他们的重视，另一方面也为民宿产品和服务的提升、改进提供资料和依据。在倾听过程中，民宿管家需要敏锐捕捉客人话语中的关键信息，把握问题的关键所在。如有需要，可直接查看投诉涉及的具体物品，以快速形成判断。客人倾诉完毕后，民宿管家可以通过提出针对性的问题，进一步澄清疑点，全面而准确地了解真实情况。

案例分享
Anli Fenxiang

客人催菜

情景：客人在民宿餐厅用餐，等上菜花了很长时间，于是客人一拍桌子，大喊："服务员怎么回事，怎么菜点了半天还没上，再不上就退菜！"

民宿管家倾听并找出问题所在。

（1）事实：客人点菜后等了很长时间，但菜还没上。

（2）情绪：因为等半天了，所以客人很焦躁。

（3）对方期待我的行动：赶紧上菜。

民宿管家回复客人的思路：先承认事实，再安抚情绪，然后按照他希望的开展行动。

（1）今天我们厨房出现严重疏漏，您点的菜还没上，真对不起。（承认事实）

（2）（送上饮料）这瓶饮料是我们送您的，您先喝着。（安抚情绪）

（3）您放心，我现在就去厨房监督，一定把菜给您尽快端上来。（期待的行动）

点评：认真倾听，可以安抚客人情绪、了解客人诉求，处理好客人投诉。

（二）充分道歉

在进行客人投诉处理时，首先要感同身受，站在客人的立场去分析问题。对客人的感受要表示理解，用适当的语言给客人以安慰，如"谢谢您，告诉我这件事""对于发生这类事件，我感到很遗憾""我完全理解您的心情"等。同时，无论责任归属何方，都有必要对客人表示诚挚的歉意，有助于双方控制情绪，理性沟通。在表示歉意的时候，不要推卸责任，也不要轻易地责备服务人员。道歉的目的是安抚客人的情绪，为后续的沟通和解决问题创造良好的氛围。可以使用诸如"让您不方便，对不起""给您添麻烦了，非常抱歉"等。

（三）解决问题

沟通的目的就是要解决问题。在双方情绪得到控制的时候，就要把沟通的重点转移到解决问题上，而不是追究谁对谁错，投诉的最终结果就是问题得到解决。因此，要针对客人的投诉提出应急方案或者解决方案。就具体问题向客人说出可能的解决方法，或询问客人希望如何解决，与客人协商解决方案。在确定解决方案时要重视客人关心的问题，确认客人已经理解，并且要注意解决问题的时间。同时要进行反思，深入检讨，思考客人投诉的缘由，从而加以改进。

（四）跟踪服务

民宿管家还需要检查、落实、跟进客人反馈，包括主动与客人联系，核实客人的投诉意见得到妥善解决，增强客人对民宿的信心和满意度。此外，民宿管家还需要详细记录与客人沟通的内容，把事件经过及处理结果整理文字材料，存档备查。这些记录还可以编写为案例，成为员工培训，特别是新员工培训的教材。

任务四　网络口碑维护

一、网络口碑的界定

（一）网络口碑的定义

口碑源于传播学，即口头传递信息，特别指推荐产品，也指人与人之间一般的交流产生的信息，而不是通过大众媒体（如广告、出版物、传统营销等）传递的。

网络口碑是指在互联网时代，通过论坛、博客、微博、微信、短视频等网络渠道，企业或消费者共同分享的关于企业产品或服务的文字、图文、视频、音频等多媒体信息。这些信息相应的传播效力会影响品牌、产品甚至企业的信誉度，从而对企业的商业运营产生一定的影响。

网络口碑可以分为正面的网络口碑和负面的网络口碑。满意的顾客倾向与人分享或在网上发布积极的产品使用感受，不满意的顾客则会发布负面评价或反馈。

（二）网络口碑的特点

1. 匿名性

匿名性使得网民能够隐匿身份或以化名的方式发表自己的意见或想法。因此，顾客能更自由地在网络上分享自己关于产品或服务的正面或负面的评价，而不必担心被发现真实的身份及应承担的相关法律及道德上的责任。由于网络口碑具有匿名性，也引发了对其是否仍保留传统口碑非商业性质的质疑。此外，网络口碑的传播路径已不限于传统的客户之间的交流，传播者可能是匿名的企业人员，也可能是第三方代理机构或者市场权威与意见领袖。

2. 形式和传播渠道多样性

网络口碑形式可以是文本、声音、图像与视频，不再局限于口头语言，并且交流信息可以保存。网络用户可以通过电子邮件、网页、虚拟社区及即时通信工具等多元的传播渠道获取或分享口碑信息。

3. 传播范围更加广泛

消费者可以不受时间与空间的限制，随时随地在网络世界里搜寻商品信息或发表自己的意见。网络口碑的传播不再局限于亲朋好友等熟人构成的社交圈，而是构建了一个包含更多弱连接关系的传播网络。

4. 传播效率极高

互联网允许用户之间以不同的对应关系进行信息的传递活动。用户既可以进行一对一的口碑信息传递，如一对一即时通信等，也可以进行一对多的口碑信息传递，如通过邮件列表发送信息等，还可以进行多对多的口碑信息传递，如讨论区讨论等。这样一来，口碑信息的传递变得更为直接，这使得网络口碑的传递效率大为提高。

5. 具有相对可控性

与传统口碑不同，某些平台上的网络口碑信息是可以人为控制的。这些平台的营销人员可以选择是否显示用户的评论，并且设定了用户对商品的评论模式，这些都会对网络口碑信息接收者接收真实信息造成一定的影响。

二、网络口碑的重要性

网络口碑会影响人们的认知、情感、期望、感知、态度、行为意向和实际行为。大多数网络口碑研究结果表明，与网络广告相比，网络口碑更能促进人们认知并接受新产品。

（一）网络口碑接收者角度

1. 提升网络口碑接收者的购买意愿

通过信息搜索，网络口碑接收者可以获得他人的购买经验，提升对购买商品的认知能力，进而提升对商品的购买意愿。

2. 降低消费者的购买风险

理性消费者在做出购买决策之前，会对商品信息进行收集和评估。相对于广告而言，口碑具有明显的非商业属性，因此可信度更高。因此，好的网络口碑可以减少消费者的购买风险以及购后认知失调程度。

3. 降低信息获取成本

网络口碑与传统口碑相比，扩展了可靠信息来源的渠道，消费者可以不受时间和空间的限制，随时随地通过网络获取用户对商品的评价，降低了信息获取的成本。

（二）网络口碑传播者角度

1. 实现经验、情感的共享

网络口碑传播者往往通过发布口碑信息，表达其因购买及使用商品所获得的满足与愉悦，或者表达对商品的不满，以此为他人提供购买参考与警示。而且，根据社会交换理论，网络口碑传播者可能会获得口碑接收者或企业的相关回报。

2. 提升在社会群体中的形象和地位

在网络环境中，口碑传播者通过持续的口碑传播行为，会赢得社会群体内其他成员的认同和尊重，进而有效提升其在该群体中的形象和地位。

（三）企业角度

1. 促进销售

口碑可以弥补广告等大众媒介传播的不足，正面口碑可以使消费者对商品产生正向的态度，从而增加其购买商品的概率。

2. 提升企业品牌与形象

正面口碑可以吸引新的消费者，提高企业信誉，对于树立企业形象和强化品牌具有重要意义。

3. 改进产品与服务

虽然有研究表明，负面口碑对企业营销会起到反作用，但是企业可以通过搜集和分析负面口碑信息，客观了解自身产品和服务方面的不足，并予以改进，积极促进负面口碑向正面口碑转化。

三、民宿网络口碑维护的方法

（一）提供优质产品和服务

提供优质的产品和服务是维护民宿口碑的基础。只有当客人对产品和服务感到满意时，才会对民宿发出正面评价。因此，民宿需不断努力提升产品品质，满足客户的需求，给予他们最好的体验。

（二）关注客人反馈

积极倾听客人的反馈，并及时作出回应。当客人留下负面评价或投诉时，民宿应该以积极的态度面对，并迅速采取解决措施。通过积极回应用户反馈，民宿可以传达对客人的重视，增加客人的满意度，同时也展示出民宿的责任感和专业性。

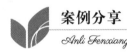

案例分享

Anli Fenxiang

扫描二维码点评

为了更好地收集客人住店意见、方便客人点评，一些酒店在各营业场所、公共区域（如客房、餐厅、前台、电梯间等）普遍印有点评二维码，方便客人随时随地拿起手机扫码点评。酒店管理者登录后台，即可实时获取客人的反馈意见，并及时解决客人的投诉问题，尽快消除客人的负面情绪，避免其随后在公共平台发布负面评价，宣泄情绪。

扫描二维码点评示例如图 5-1 所示。

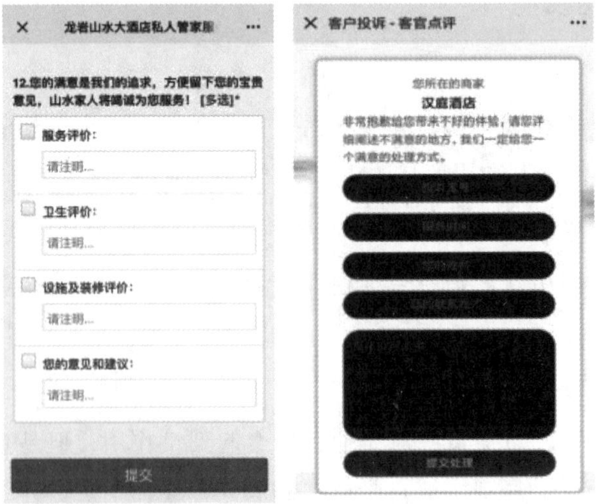

图 5-1　扫描二维码点评示例

点评：给客人提供方便快捷的沟通渠道，可以实时获取客人的反馈，尽快解决客人问题，消除客人的不满。

（三）加强品牌定位和传播

清晰的品牌定位可以帮助民宿塑造独特的品牌形象并传达给目标受众。民宿需确定目标受众，并确保品牌定位与其需求相契合。通过选择合适的传播渠道和方式，向目标受众传递品牌价值观和优势，进一步巩固品牌口碑。

（四）建立并维护积极的社交媒体

社交媒体是维护品牌口碑的重要工具。民宿可以通过建立专门的官方账号，积极参与社交媒体互动，与用户进行有效沟通。民宿通过社交媒体发布有价值的内容，分享民宿的最新动态和产品信息，与用户建立深度连接，提高品牌的知名度和美誉度。

（五）提供有价值的内容

创作和分享有价值的内容可以吸引用户的关注，并提升品牌形象。民宿可以通过社交媒体或平台发布相关领域的专业知识、研究报告或用户案例分析等内容，以此向用户传递品牌的专业性和价值，提升品牌在用户心中的形象。

（六）加强与用户的互动

积极与用户进行互动可以增强用户对品牌的认同感。民宿可以通过举办线上活动、开展用户调研、提供即时在线客服等方式，与用户进行互动，并倾听他们的需求和建议。通过有效的互动，民宿可以增加用户的忠诚度，并留下正面口碑。

（七）管理危机和负面信息

面对危机和负面信息，民宿需要及时作出反应，并展示出诚信和责任感。及时向用户公开道歉、采取有效的补救措施，并通过积极的态度和真诚的表态赢得用户的理解和支持，避免负面信息对口碑造成进一步的伤害。

负面信息的处理

四、线上差评回复技巧

（一）有理有据差评

民宿应对线上差评反映的问题及时进行核实，如果确有此事，第一时间组织内部人员改进，就差评进行回复，并提出解决方案。如果是硬件环境方面的差评，则提出改进方案和整改措施；如果是服务类差评，则提出处罚教育提升的方案和措施。

但无论哪种，均需要诚恳地致歉。例如：

差评为"这家店不怎么好，水龙头漏水。"

差评回复为"首先感谢您的入住，我们深知在您的入住体验中，可能存在未达到您期望之处，对此我们深感歉意，并承诺会努力提高整体服务质量与产品标准。您在入住过程中有什么不满意的地方请随时与我们联系，我们会尽力帮助您解决。您提到的水龙头漏水的情况我们已经安排维修人员修复，并且对所有房间进行全面检查。希望您能看到我们的努力和进步，期待您的再次光临！"

（二）无主题差评

在平台中我们总会发现一些奇怪的无主题差评。对于这种线上无主题差评，可以通过线下沟通的方式与客人交流，弄清楚客人给差评的真正原因，用适当的语言回复客人的差评，让其他浏览的客人看到民宿的服务态度。在回复过程中要始终保持友好、真诚的态度，不得应付敷衍客人，要切实解决问题。例如：

差评为"啊啊啊，体验一般般啦，哈哈哈。"

差评回复"感谢您的入住，有任何问题可以随时与我们的民宿管家联系。另外，我们家的Wi-Fi是全楼覆盖的，上网非常快，您可以体验一下。早餐也是非常不错的，只需18元一位哦。"

（三）恶意差评

对于恶意搞事、无理取闹或职业差评师的差评，则在准确判断后不要过多担心，沟通过程中如果对方有明确索要钱财的表示，要在保持理智的同时，充分收集并保存相关证据，反馈给OTA平台，必要的时候可以寻求法律途径来维护自己的权益。

 同步案例

民宿如何维系老客户

山东某民宿，给曾经入住的客户寄出了一份小礼品，包括手写的卡片、入住房间的明信片，以及民宿山上茶园的小罐茶。很多客户在收到礼品后，回忆起了入住时候的一些美好时光，并且纷纷发朋友圈晒照片。民宿的这一举动远远超过了简单的物质馈赠，让老客户深刻感受到被铭记与珍视的温暖，成为一段难以忘怀的贴心记忆。

对众多体量小、客群结构简单的民宿而言，除借助自媒体平台来吸引新的消费群体外，维护老客户是其销售的重要手段。经营者都知道老客户的重要性，这不仅体现在他们的复购率上，更在于他们是否愿意主动向周围的朋友推荐民宿，形成口碑传播。然而，尽管意识到这一点，但能够真正实施有效客户关系管理的民宿却并不多。仅仅通过朋友圈点赞、留言或偶尔的群聊互动，虽能一定程度上加深客户印象，却远非维系客户关系的全部。要真正做好客户关系的深度管理与维护，还需探索更多元化、个性化的服务方式。

民宿每年接待的客人很多，当然回头客也不少，当老客户来预订的时候，民宿应迅速从其建立的数据库中，无论是电子表格还是智能管理软件中，调取并回顾该客户的个人喜好与需求记录。例如，若客户偏好安静环境且对睡眠质量有高要求，民宿在推荐客房时即可贴心选择那些远离公共区域、环境更为安静的房型，以此确保客户可以获得更加舒适与满意的住宿体验。

更有心者，会在客户生日时送出一份祝福、一份小礼物，可以是一条祝福信息，也可以是一张明信片，还可以是当季民宿的特色食品或者手作。比如，有客户收到过曾经入住过的民宿寄来的自酿青梅酒，一小瓶酒外带两个小茶样，让老客户倍感温馨。

然而这对于一些小的民宿来说，每一个客户都送到可能会增加一些成本，这样也体现出民宿收集客户爱好的重要性了，通过分析，民宿可以筛选部分目标客户群体，送出特色产品的体验装，若客户感到满意，就会购买该特色产品，这是一条行之有效的营销路径，前面提到的收到青梅酒的客户就曾多次回购民宿的青梅酒。

(资料来源：https://www.sohu.com/a/240302576_682992，有改动)

思考：这个案例给你什么启示？

教学互动
Jiaoxue Hudong

民宿网络评价分析

将整个班级分为5组，每组针对民宿领域常见的在线预订平台上的某一家民宿进行在线评价信息搜集，每组选择不同的民宿，可以是本地区比较知名的民宿，也可以是已经获评全国甲级、乙级认定的民宿。具体搜集民宿目前在预订平台上的得分、好评及差评数量、具体的好评及差评的集中点，选取和整理民宿对于客人好评及差评的回复内容，归纳总结好评、差评回复的常见模板及技巧。

项目小结

民宿的口碑维护、品牌打造不仅有利于稳固并培养忠诚客户群体，更有助于民宿吸引新的客户，在激烈的市场竞争中脱颖而出。对于民宿主人、民宿管家而言，民宿不仅仅是工作场所，更是他们将自己的个人兴趣和职业追求结合的舞台，这种结合促使他们全情投入到为客人创造优质服务体验上。而在客户关系维护方面，民宿全体员工秉持家人般的温暖和付出，细心关注每一位客人的需求，做好客史档案记录，并根据客人不同需求提供个性化、定制化的服务。欢迎并感谢每一位投诉的客人，真诚地解决客人所反馈的问题。同时也要关注网络口碑，关注在线评价，及时回复客人并尽力解决客人提到的问题。让每一位客人开心而来，满意而归，为民宿树立良好的口碑。

项目训练

一、知识训练

1. 客史资料一般分为哪几类？
2. 搜集客史资料常见的有哪些方法？
3. 如何解读服务"SERVICE"？
4. 客人投诉处理的原则是什么？
5. 什么是网络口碑？
6. 试从不同角度分析网络口碑的重要性。

二、能力训练

1. 假如一位男生想在民宿向女朋友求婚，作为民宿管家，你了解到客人的需求后会帮助客人做什么？
2. 针对下面列出的这条差评，如果你是民宿管家，将如何在网络上回复客人？

"一开始看到评分会好奇环境这么好的地方怎么分数会这么低，入住之后才明白无关外在环境，主要的因素就是体验不好。民宿房间带浴缸，但谁能想到不是'淋浴＋浴缸'的组合，而只有浴缸，没错，非常大的那个，站在里面洗澡花洒必须手持，身体打湿以后瞬间变得非常冷……浴缸旁没有把手，没有防滑设计，浴缸膜铺上以后踩进去特别滑，说真的，不建议小孩或老人进去洗澡，一不小心就会滑倒。再来就是服务，从来没有一个民宿给人的感觉是表面热情实则冷漠的，这家做到了！入住发现房间的饮用水不多，向民宿管家表示想泡茶是否可以多给2瓶水，管家表情微妙，问我要多少，我还能喝一箱？最后当然是拿了2瓶，而且是一再追着要的前提下。晚上快9点的时候才得知有甜汤供应，但必须在楼下餐厅吃。问服务人员几点提供早餐，她不直接回答却让我看入住前的微信提醒……顺便说一句，早餐很简单而且量少，食量大的建议出去吃。"

项目六
民宿服务营销
——十八般武艺

 项目描述

除了接待服务、客户关系维护、日常管理,民宿管家还应具备一定的服务设计、市场营销、网络运营、传播推广的能力,管理线上平台客户群,通过拍摄并上传高质量的民宿图片吸引客源,同时,还需要进行文案策划,利用直播、短视频等新媒体营销手段宣传民宿。这些都极大地考验民宿管家的综合能力和创新思维。因此,可以说民宿管家需要掌握"十八般武艺",全方位提升民宿的运营效果与市场竞争力。

 项目目标

知识目标

1. 掌握法律法规常识、旅行常识、地方政治经济概况和相关社会文化背景知识。
2. 掌握服务设计、关键时刻的相关知识。
3. 掌握新媒体营销的基本知识与技能。
4. 熟悉当地文化旅游资源、特色产品、娱乐活动等。

能力目标

1. 能对民宿前台、客房、餐饮的关键时刻进行服务设计。
2. 能根据民宿主题特色、地理位置、四时节令等进行文案策划。

素养目标

1. 培养良好的观察和感知能力。
2. 培养良好的团队合作精神。
3. 培养创新意识与创新能力。

项目六　民宿服务营销——十八般武艺

学习导图

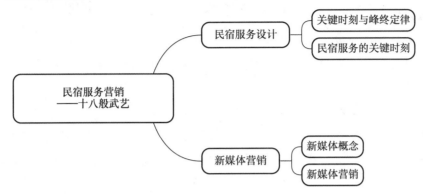

学习重点

1. 关键时刻服务设计。
2. 新媒体营销的基本知识。

学习难点

1. 关键时刻服务设计。
2. 新媒体营销的基本技能。

项目引入

案例一

亚朵酒店将客人从第一次入住到再次入住的整个过程，设计了十二个服务节点：客人预订、走进大堂的第一印象、进入客房看到的第一眼、向酒店咨询的第一刻、早餐的那一刻、在酒店等人或者等车需要有个地方待一下的那一刻、中午或者晚上想吃夜宵的那一刻、离店的那一刻、离店之后点评的那一刻、第二次想起亚朵的那一刻、向朋友推广和介绍那一刻、第二次预订的那一刻。

亚朵基于这十二个节点进行细化与优化，将峰终定律完美融入其中：到了亚朵，员工先为客人奉上一杯茶，三分钟办理入住，为客户"免费升舱"，提供优质舒适的枕头，流动图书馆服务，阿芙精油、棉质拖鞋喜欢即可购买等，给客人带来惊喜。退房的时候，员工会贴心地送上一瓶矿泉水（冬天是温热的矿泉水）。亚朵还给每项服务都起了美好的名字，如离开时赠送的这瓶矿泉水名为"别友甘泉"，给用户留下深刻的印象。

亚朵通过这十二个服务节点，给客人创造超出预期的体验，积累了良好的口碑，提高了复购率和转化率。

（资料来源：简书，有改动）

案例二

故宫给我们的印象是庄重、威严的，但是近几年故宫通过新媒体营销，很好地实现了传统文化与现代文化的结合，产品商品化的同时也使故宫的形象越来越年轻和丰富。

故宫为了销售周边产品上线了"故宫淘宝"淘宝店，开通了"故宫淘宝"微信公众号，后来又上线了"故宫博物院文创旗舰店"淘宝店、"故宫文化官方旗舰店"京东店等互联网商店，在故宫文化商品化的进程中，传统文化与现代文化及互联网技术实现了深度融合，从传统文化产品到创新设计的鼠标垫、保温杯等文创产品，故宫不仅实现了产品的商品化，同时其也丰富和拓展了文化内涵，通过新媒体营销手段，故宫巧妙地将文化转化为可参观、可感知、可了解的产品形态，拉近了与消费者的距离，一条适合故宫的新媒体营销路子由此打开。

（资料来源：作者根据网络资料整理）

思考：如何理解"服务即营销，营销即服务"这句话？如何进行创新思维，做好新媒体营销？

任务一　民宿服务设计

一、关键时刻与峰终定律

服务设计是以客户需求为出发点，通过运用创造性的、以人为本的、客户参与的方法，确定服务提供的方式和内容的过程。服务设计作为一门学科，不应当孤立地看待，而应与服务开发、管理、运营和营销结合起来。这里的服务是广义的，不仅是酒店业的服务，也可以扩大到社会的各种服务，如金融服务、医疗服务、通信服务、交通服务等。这些服务都可以进行必要的设计，而采用的方法，应当是"创造性的、以人为本的、客户参与的"。

（一）关键时刻

住宿业的一个基本特征是，员工提供服务和客人消费通常是同步的，即员工给客人提供服务的时刻，也正是客人消费体验的时刻。这种接触时刻就是酒店服务的关键时刻。

关键时刻英文简称"MOT"（Moments of Truth），是由北欧航空前总裁詹·卡尔森创造的。20世纪80年代初卡尔森进入北欧航空担任总裁时，经过研究发现平均每位乘客在接受该航空公司服务过程中，会与5位服务人员接触；在平均每次接触的短短15秒内，就决定了整个公司在乘客心中的印象。航空公司与每一位乘客的接触中，包含了众多的"MOT"，如果每一个关键时刻都是正面的，那么客户就会更加忠诚，为企业创造源源不断的利润。卡尔森认为，关键时刻就是客人与服务人员面对面相互交流的时刻，放大来看，就是客户与企业的各种资源发生接触的那一刻，这个时刻决定了企业未来的成败。

（二）峰终定律

峰终定律由诺贝尔奖获得者、心理学家丹尼尔·卡尼曼总结得出。经过研究，丹尼尔·卡尼曼发现人们对一段体验的评价主要是由两个因素决定的，一个是过程中的最强体验，另一个是结束前的最终体验，相比之下，其他过程中的体验对人们的记忆与评价影响不大。无论是发生的事情还是消费体验，人们所能记住的大都是在"峰"（高峰）与"终"（结束）时的感受，而在过程中其他部分则相对模糊，而这里的"峰"与"终"即为关键时刻。

关键时刻理论被西方学者认为是提高服务质量的有效办法，它主要针对营利性企业的研究而提出的，当然也同样适用于住宿业。

民宿的关键时刻是指员工向客人提供服务以获取客人满意的时刻。在这一特定的时间和地点，服务人员的服务技巧、态度和客人的期望、感知共同构成了服务的传递过程。关键时刻决定了客人头脑中对服务质量优劣的评价。在民宿管理中重视关键时刻的管理，可以有效提升服务质量，为民宿带来良好的口碑，创造更大的经济效益。

二、民宿服务的关键时刻

服务需要设计，一家酒店管理公司研究了卡尔森的关键时刻，根据客人从入住到离店在酒店逗留期间的活动同时也是酒店对客服务接触点，设计了39个关键时刻，这39个关键时刻的每次接触都是一次服务客人的机会。这些基于酒店服务的关键时刻，同样能够应用于民宿服务领域。下面通过民宿服务前台关键时刻（MOT）介绍客人与民宿各种资源（主要是民宿员工）接触的时刻：

- 前台接到订房或问询电话；
- 提供信息或为客人预订房间；
- 给客人发送短信；
- 客人抵达民宿；
- 管家停车场（村口或其他接客地点）迎接服务；

- 管家引领客人进入民宿；
- 客人在前台登记入住；
- 管家引领客人到客房；
- 管家介绍客房设备用品；
- 客人接到叫醒（叫早）服务；
- 客人电话询问相关信息；
- 客人向前台询问信息；
- 客人请求行李服务；
- 管家提供行李服务；
- 客人结账退房服务；
- 客人索要账单收据；
- 送别客人、短信问候。

这些接触点就是为客人提供优质服务、美好体验的关键时刻。民宿需精心设计这些接触点的服务，制造服务亮点、记忆点，为客人创造一个美好的服务体验，并通过员工来实现这些关键时刻的服务，使客人有宾至如归的感觉。

民宿关键时刻服务设计可以从以下四个方面进行，即用户思维感动客人、优化服务标准、创新服务接触点、提升客人体验。

（一）用户思维感动客人

1. 用户思维

用户思维指的是一种以用户（客人）体验为中心、让用户（客人）在使用企业提供的产品或服务的过程中更好地实现个人价值的思维方式。用户思维简而言之，就是站在用户的角度来思考问题，用户的需求即企业的需求，用户思维是互联网时代最核心的思维，只有真正站在用户的角度来思考问题、设计服务，企业才能获得持续发展。

案例分享

重在客户需求

　　一个国王让两个工匠比赛雕刻老鼠，第一个工匠雕得栩栩如生，第二个工匠雕的老鼠却不是很像。当国王准备宣布第一个工匠获胜时，第二个工匠提议让猫来鉴别谁雕得更好，结果猫喜欢第二个工匠雕的，为什么？因为第二个工匠用的是鱼骨。

　　（资料来源：根据网络资料整理）

　　点评：成功的人不一定是技术最好的，而往往是最了解客户需求的人。

企业最终目的是满足客人的需求,只有以客人的视角去观察什么样的产品是客户最需要的、最欢迎的,才能让客人第一时间喜欢上。

民宿服务质量的四个"黄金标准"就是从客人角度出发,在民宿服务的环境卫生、设备用品、员工服务等方面提出的质量标准,是对民宿视觉形象、产品功能及服务状态的基本要求。

从客人的角度,服务质量的四个"黄金标准"如下:

(1) 凡是客人看到的地方必须是整洁美观的;
(2) 凡是客人使用的物品必须是方便舒适的;
(3) 凡是客人使用的设备必须是安全有效的;
(4) 凡是客人见到的服务必须是热情友好的。

服务设计更多地需要站在客人角度,为客人需求进行设计。例如,在为客人指路时,应充分考虑到客人在陌生环境中的方向感可能较弱,特别是在大城市中,使用"东、南、西、北"的方位描述容易引发混淆。因此,更贴心的做法是直接以"左、右、前、后"来指引,确保客人能够轻松理解并顺利到达目的地。一些民宿将客房的消毒措施及操作记录以卡片的形式直观展示于客房内,主动向客人传递清洁与卫生的信息,这在一定程度上消除了客人对客房卫生情况的担忧,让客人能够安心入住,为客人营造一个舒适放心的住宿环境。

2. 感动客人

服务不仅要让客人满意,更要让客人感动。要以客人为本,通过满足客人潜在的需求感动客人;处处为客人着想,通过细致化的管理感动客人。以服务员帮助客人提行李服务接触点为例,服务员可能的服务行为包括:

(1) 客人招呼,服务员去帮助客人提行李;
(2) 服务员看到客人,走上前帮助客人提行李;
(3) 服务员看到客人,跑上前帮助客人提行李。

显而易见,同样是提行李服务接触点,第三个服务设计中服务员积极主动,跑步上前帮助客人提行李更能体现民宿服务水准,感动客人,赢得客人好评。

民宿内部可以开展关键时刻服务设计创意竞赛,以餐厅服务为例,可以从以下服务接触点启发员工思考:

(1) 如何问候客人,让客人感到更受欢迎?
(2) 如何为客人介绍餐厅特色菜肴?
(3) 如何为民宿促销更多的菜品?
(4) 如何处理客人退菜、换菜等问题?
(5) 如何与客人沟通使客人感到更加愉悦?
(6) 如何针对不同的客人提供个性化服务,超越客人的期望?

（二）优化服务标准

1. 关键时刻服务程序标准

服务程序标准的制订是保证关键时刻服务全面、准确及流畅的前提条件。标准作业程序（Standard Operation Procedure，SOP），即将某一工作的标准操作步骤和要求以统一的格式描述出来，做到细化和量化，用来指导和规范酒店日常工作。如行李服务及零点服务等，明确服务过程中各项任务的执行顺序，确保服务流程的有序进行。关键时刻服务程序标准制订同样需要基于用户思维，深入研究客人的期望与需求。

下面以出租车服务程序标准为例进行介绍，供大家学习参考。

客人的期望：我希望酒店可以提供给我高质量的出租车服务。出租车必须干净整洁，车况要好，司机要有良好的仪容仪表；我不希望为了价格与出租车司机发生争执；我希望能顺利安全地抵达目的地。

出租车服务程序标准如表6-1所示。

表6-1　出租车服务程序标准

步骤	做法及标准
1. 接收服务需求	接收到客人的出租车服务需求； 如果客人需要一辆出租车，礼宾部员工必须提前为客人预留一辆出租车； 出租车必须整洁、车况良好； 出租车司机必须有良好的素质及仪容仪表
2. 记录	询问客人的目的地并记录在酒店卡片上以备用； 告诉客人需要等待的时间； 当出租车过来时，将出租车车牌号记在酒店卡片上； 如果客人有任何问题，都要为其耐心解答； 把客人的目的地告诉司机
3. 运送行李	将客人的行李放进出租车的后备厢； 与客人确认行李件数
4. 客人上车	为客人打开出租车车门； 在客人上车前将手放于车门上方，防止客人上车时碰到头
5. 送别	再次与司机确认客人的目的地； 向客人致以最真诚的祝福； 将写有出租车车牌号的酒店卡交给客人

2. 关键时刻服务效率标准

关键时刻服务效率标准是指关键时刻服务的时效标准，如接到客人要求送茶水的电话后，3分钟内将沏好的茶水送至客房，客人若借用物品（如日用品、插线板、充电器等）则5分钟之内送到客人房间。服务效率标准是保证客人能得到及时、快捷、有效服务的前提条件，也是服务质量的保证。例如，国家标准《旅游饭店星级的划分与评定》附录B的设备设施评分表中要求浴缸、淋浴间完全打开热水龙头，水温在15秒内上升到46～51℃，水温稳定。

为了提高服务效率、提升客人体验，有的民宿在总台摆放了一个计时3分钟的沙漏，一旦超时，哪怕超时一秒，承诺全额免房费。某茶餐厅餐桌上放置计时15分钟的沙漏承诺客人餐品十五分钟送达桌边，如有超时，赠送客人相应的免费优惠券。

（三）创新服务接触点

民宿应着重训练员工，使他们熟练掌握并灵活运用关键服务接触点的标准流程与技巧，并且鼓励员工多创造新的接触点，如一句亲切的问候、递上一杯香浓的红茶等。每个员工都要把每个接触点都看作是一次服务机会，为客人带来良好的服务体验，使客人有物超所值的感觉。民宿可以发动全体员工，通过头脑风暴法来不断创新服务接触点，从而在一个特定的服务接触点创造更多对客服务价值。

南京某酒店推出的礼仪行动创新服务接触点的要求如下：①主动发现客人需求，让客人享受在其他酒店享受不到的服务，给客人带来惊喜；②将服务做到极致，直到客人感动并留下深刻的印象。酒店要求各部门、各岗位结合工作实际，列出本部门、本岗位的礼仪行动方案，并在实践中不断丰富、完善。目前，该酒店固化的礼仪活动条目已有160多条，创造了不少服务接触点，让客人感到满意和惊喜，将"头回客"发展为"回头客"。

该酒店礼仪行动创新服务如表6-2所示。

表6-2　礼仪行动创新服务

部门	礼仪行动
前厅部	(1)客人入住时提供擦行李箱服务； (2)客人离店时准备早餐饭盒； (3)提供南京旅游地图出行卡片； (4)向外出游玩的客人赠送矿泉水、纸巾； (5)帮助客人设计旅游路线； (6)客人离店后短信问候
客房部	(1)提供枕头菜单； (2)提供个性化开夜床服务； (3)为商务客人提供鼠标垫及电脑散热器； (4)提供衣物烘干服务； (5)为花粉过敏客人送上口罩； (6)赠送黄瓜片(女士美容用)； (7)提供熨烫及报纸服务

续表

部门	礼仪行动
餐饮部	(1)客人咳嗽时提供冰糖蒸梨； (2)客人感冒时提供姜茶； (3)为老年客人提供背靠垫； (4)为戴眼镜的客人提供眼镜布； (5)提供菜肴打包服务； (6)客人过生日时赠送生日蛋糕
保安部	(1)为自驾游客人擦洗车辆； (2)提供小件物品修理服务； (3)提供"祝您一路平安卡"

（四）提升客人体验

为了将原本可能显得枯燥的服务接触转变为客人的一次新奇体验，需要通过精心设计，增加与客人的互动。

1. 分析客人需求

民宿管家在日常工作中需要注意观察，发现客人的喜好，提供个性化服务，提高客人满意度。

案例分享

"吕蒙路早"

这是亚朵酒店发生的真实事件。有一位客人跟自己的朋友吐槽，亚朵酒店的自助早餐上午7点开始，但自己第二天需要很早离店赶路，来不及吃早餐，只能饥肠辘辘地出发。

酒店有一位名叫"吕蒙"的员工听到该消息后，第二天一早就守在大堂，用饭盒打包了一份早餐让客人带上路上吃。客人非常感动，从此成为亚朵的忠实客户，还自发地为亚朵传播正面口碑。因此，亚朵酒店特别将这一服务命名为"吕蒙路早"，并延续至今。只要客人提出他们有这个需求，亚朵酒店员工就会替顾客打包一份早餐让他们带走。

（资料来源：https://baijiahao.baidu.com/s?id=1669253836594993371）

点评：用心服务、创新服务，才能赢得好口碑、争取更多的回头客。

2. 增加互动环节

民宿管家在提供服务时需要尽量避免打扰客人，那么如何与客人进行互动呢？不少民宿采用留言卡的方式与客人互动，留言卡的内容包括欢迎语、节日问候语、天气预报、个性化服务、友情提示等。

3. 提供特色服务

民宿可以依托自身优势为客人提供丰富多彩的康乐休闲与文化体验活动，包括但不限于健身房锻炼、泳池畅游、桌球与桌游竞技、电玩娱乐以及放松身心的温泉泡汤等，旨在满足不同客人的休闲需求。同时，民宿还提供手工制作的文化体验项目，如彩绘创作、书法研习、工艺品制作以及糕点烘焙等，让客人在动手实践中感受文化的魅力与乐趣。乡村民宿更能利用当地丰富的自然资源，为客人提供农事体验活动，如采摘茶叶、挖山笋、摘草莓、农耕、钓鱼等，让客人在亲近自然的同时，深入了解当地的生活方式与传统文化。

民宿盈利方式

 同步案例

目湖宾馆鱼头"开封仪式"

江苏溧阳天目湖宾馆有一道特色菜——天目湖鱼头。这道菜的上菜及服务流程有别于其他菜品，让人眼前一亮。首先，通过高规格特别定制的器皿装盘并贴上专利封条一并端到转盘上，接着，服务员站在桌旁微笑着介绍这道菜的口味、做法和获得的荣誉。介绍完毕，服务员会请该桌主宾启动"开封仪式"，揭下封条后，客人会得到酒店的小纪念品。随后是分菜环节，服务员根据主宾、副主宾等座次按鱼头的不同部位分别上菜。上菜时配上极具"口彩"的介绍，如鱼眼分给主宾时报菜名为"天目湖鱼头，祝您独具慧眼"等，让客人感受特色浓郁的饮食文化。

思考：这个案例给你什么启示？

教学互动
Jiaoxue Hudong

头脑风暴

分组讨论并列出民宿服务的MOT（关键时刻），并分别设计一个前台服务、客房服务、餐厅服务的MOT。

任务二　新媒体营销

一、新媒体概念

"新媒体"（New Media）一词最早见于1967年美国哥伦比亚广播电视网（CBS）技术研究所所长P. Goldmark的一份商品开发计划，随后在美国开始流行并迅速传播至全世界。

新媒体是新的技术支撑体系下出现的媒体形态，如数字杂志、数字报纸、数字广播、手机短信、桌面视窗等。相对于报纸、杂志、广播、电视四大传统意义上的媒体，新媒体被形象地称为"第五媒体"。第五媒体主要以手机作为视听终端，通过网络平台，实现个性化、即时的信息传播。它是以大众为传播目标，旨在通过定向传播达到精准效果，强调信息的时效性，并充分利用互动特性，构建一个集传播、交流、反馈于一体的大众传媒平台。

新媒体营销利用新媒体平台进行营销，具有成本低廉、注重创意、定位精准、容易形成广泛传播等特点。新媒体营销包括微信营销、直播平台营销、视频营销、论坛营销等。民宿新媒体营销并非单一地通过上述的某一个新媒体平台进行营销，往往需要借助多个平台整合营销，甚至与传统媒体营销结合，打造立体式营销等。

现在常见的新媒体营销平台有微信、小红书、哔哩哔哩、知乎、抖音、微博等。

二、新媒体营销的方式

（一）内容策划与创作

在新媒体运营中，内容策划与创作是核心技能。它要求从目标受众的需求出发，制定出有针对性、有吸引力的内容计划，并能够用多样化的媒体形式，如文案撰写、摄影、视频制作等，创作出高质量的内容。掌握内容策划与创作的技巧，能够吸引更多用户的关注和参与，提升品牌形象和用户体验。

新媒体营销内容策划与创作需要掌握以下几个方面。

1. 优化标题

一个好的标题，能让用户产生浓厚的兴趣，决定了最关键的前三秒，即读者是否对该文章的标题感兴趣，从而打开进行阅读。

标题字体的设置标准是尽量要在特定的环境里达到吸引用户眼球的目的，并传递完整且正确的信息,如"一间民宿,一个故事""一位民宿造梦者的故事""猪栏没有猪,酒吧没有酒"等。

2. 善讲故事

在讲述故事时,原创性至关重要。那么,如何为民宿量身打造专属故事呢?我们可以借鉴其他民宿的成功经验,以此作为丰富的灵感源泉,进而深入探索并挖掘符合自己民宿特色的独特故事脉络。

南京版深夜食堂,解锁你的民宿夜生活

案例分享

猪栏没有猪,酒吧没有酒

猪栏酒吧是一个乡村客栈,是由猪栏改建而成的,其名字由此而得。猪栏酒吧的布置和摆设充满怀旧气氛和乡村气息。到猪栏酒吧这样的地方,过一过清新自然、朴素典雅、宁静而充满诗意的生活,就是一种很好的回归方式,即便是短暂的,也非常惬意。

这样一座文艺的民宿是一对诗人夫妇在古徽州精心打造的,或许正因为被赋予了诗人的特质,才有了猪栏酒吧这样一个妙趣横生的地方。原本第一家猪栏酒吧是他们买下来准备给自己和朋友聚会居住的,不过随着名气渐响,越来越多的艺术界人士都被吸引过来,于是他们便顺水推舟对外经营起来。尽管如此,他们并不愿意太多的人把这里变得喧闹世俗,而是希望永远只有少量有精神追求的人误入徽州老宅子,体验一种独特的生活方式。

(资料来源:https://baijiahao.baidu.com/s?id=1572073096492782,有改动)

点评:一家民宿,一个故事。讲好民宿故事,可以让民宿成为特别的存在,提升消费者的体验感。

3. 谈情感、玩情怀

基于感情色彩的沟通最容易触动用户的内心,引起共鸣。那么,下面几段文字是否能撩动用户的心呢?

(1)星空房:触碰星辰的家园。当夜幕降临,星空房成为连接宇宙的神秘入口。躺在屋内,星星仿佛触手可及,为每一个沉醉夜色的旅人编织着不同凡响的夜间故事。

(2)云水涧:隐匿于喧嚣都市的秘境,美到令人窒息!

(3)每栋民宿都有属于自己的名字:拨云、指月、摘星、听雨、栖山、虚谷、锦溪……连门牌都是这样别致，院外的景致也是别有一番滋味。看到这里大家一定很好奇，是不是很想知道里面究竟是什么样的？

4. 精选图片

选择与文章内容相关联的优质图片，图文并茂。文案配图要与内容诉求一致，采用多张图片时，保持风格一致。

（二）自媒体营销

自媒体是指一个普通市民或机构组织能够在任何时间、任何地点，以任何方式访问网络，通过现代数字科技与全球知识体系相连，提供并分享自己的真实看法、自身新闻的一种途径和即时传播方式。典型的自媒体平台包括微博、微信公众号等。

自媒体营销是指企业或个人利用自媒体平台进行营销。它广泛覆盖了社会化网络、在线社区、百科、短视频、微博、微信公众号、今日头条、百度等众多渠道，通过互联网协作平台和媒体实现信息的快速发布与广泛传播。

自媒体的一个显著特点就是传播迅速。新产品一经问世便会迅速在互联网上传播。互联网打破了时间和空间的制约，极大地增强了传统口碑效应。用户对产品的体验，无论是正面还是负面，都能以病毒式速度传播，影响范围急剧放大。

微信营销是网络经济时代企业或个人营销模式的一种，是伴随着微信的普及而兴起的一种网络营销方式。与微博相比，微信更像是一个综合服务平台，其营销的核心在于构建企业公众账号并培育粉丝体系。通过微信，民宿可以提供微会员、微推送、微支付、微活动、微商城等功能，可以实现会员管理、订单查询、预订、支付等一体化服务，并通过公众号进行品牌宣传。民宿还可以通过创建粉丝群深化与用户的互动，实现民宿品牌宣传、促销信息发布及定向优惠活动开展等。

1. 微信营销的主要步骤

微信营销的主要步骤如下。

（1）建立客群，找到目标客户。

民宿注册公众号后，通过举办开业庆典、日常活动及入住关注公众号等策略持续为公众号导流并增加粉丝，主要手段包括三种：①关注有礼：客户首次关注公众号获得奖励（如积分、优惠券等）；②任务卡活动：民宿发布自定义任务，用户完成任务并上传截图验证后，系统自动发放奖励；③高级群发：通过短信或微信模板消息向用户推送定制信息，进一步增强用户黏性。

（2）活动转化，升级付费。

客户从各个渠道进入平台后，下一步是让客户完成线上交易。让客户熟悉民宿线上消费流程，将消费习惯从其他渠道转移到微信小程序或公众号，从而扩建和巩固私域流量池。

（3）会员沉淀，客户分群。

随着客户消费行为的增加,若线下体验达到或超越心理预期,这些客户中很大一部分将成为民宿的会员,并具有二次消费的潜力。此时,民宿要做的就是客户分群管理,设置客户标签,进行精细化运营。

2. 自媒体营销注意事项

(1) 持续性。

持续性是指能够持续不断地输出内容。建议公众号至少保持每周一次的更新频率。很多公众号最近的一篇文章发布时间可能还是半年前,这样就很难产生价值。长时间无更新会导致用户流失和价值减损,持续的内容供应能够维持用户的活跃度和关注度。

(2) 价值性。

价值性是指发布的内容能够给用户传递价值,诸如有用、有趣、好玩都是价值的体现。有价值的内容能够激发用户的分享欲望,扩大传播范围,同时增强用户黏性,延长用户的关注周期,提升忠诚度。

(3) 原创性。

原创性是自媒体营销的核心竞争力。随着平台对原创版权保护的加强,原创文章不仅能获得平台的认可和支持,还能显著提升内容的权威性和可信度,进而吸引更多用户的关注。

(4) 参与性。

利用微信小程序等渠道,设计诸如分销、拼团、砍价等营销活动,让更多的用户参与进来,鼓励用户参与并分享,以此促进口碑传播。同时,结合热门话题进行创意宣传,如"世界那么大,我想去看看""我和我的小伙伴们都很喜欢出去旅游"等,吸引用户参与讨论和分享,通过奖励机制提升用户对民宿的关注度和兴趣,最终转化为实际的消费行为。

(三) 视频营销

视频营销主要是基于视频网站等网络平台,以内容为核心、创意为导向,利用精心策划的视频内容实现产品营销与品牌传播的目的。视频营销既具有视频的感染力强、形式内容多样、创意新颖等优势,又具有互联网营销的互动性强、主动传播、传播速度快、成本低廉等特性。

1. 短视频营销

短视频是指在各种新媒体平台上播放的、适合在移动状态和短时休闲状态下观看的高频推送的视频内容。短视频时长通常几秒到几分钟不等,在互联网上传播的时长大多在5分钟以内。短视频内容涵盖技能分享、幽默娱乐、时尚潮流、社会热点、街头采访、公益教育、广告创意及商业定制等多个维度,既可以独立成片,也可以构成系列栏目。抖音、秒拍、快手、西瓜视频及微信视频号等都是比较典型的短视频平台。

2. 直播营销

直播营销是指在现场随着事件的发生、发展进程同时制作和播出节目的营销方式。该营销活动以直播平台为载体，为酒店民宿等行业带来品牌提升与销量增长的双重效益。知名的直播平台有斗鱼、YY等。直播营销不仅创新了营销形式，还充分展现了互联网视频的特色与活力。直播营销有着极大的优势，主题酒店、精品民宿等"高颜值"企业非常适合进行直播营销，投放效果尤为显著。

在众多的短视频平台中，抖音平台以其独特的算法推荐系统、丰富的视频内容生态及广泛的用户基础迅速崛起，成为新媒体时代的佼佼者。抖音通过精准推送、用户互动与分享机制提供个性化、多元化的内容体验。通过融合短视频、潮流音乐与创意特效，抖音不仅吸引了大量年轻用户，更在全社会范围内形成了广泛的影响力。

抖音凭借庞大的用户基数，广泛覆盖各个年龄层的社会群体，构建了一个庞大的流量池，为品牌商家提供了无限的营销空间。在抖音平台上，短视频营销不再局限于传统的广告形式，而是借助用户参与、互动、分享等多元化手段，实现品牌的快速传播和深入渗透。用户可以通过评论、点赞和私聊等方式与其他个体进行互动，也可以将感兴趣的短视频内容分享到其他社交平台。

抖音互动活动

案例分享
Anli Fenxiang

像当地人一样自在地生活

Dear：

虽未曾谋面，可是我知道，我们会是有着相同嗜好的旅人。没错，公众眼中的诸葛八卦村，是自然与原味的，不过，唯有您静静地深入其中，才会发现这个村落的底色。

在昱栈，你不必急于追赶景点，只需沉浸于音乐、香气、光影的交织中，让自然的天井成为家的延伸，让每一次呼吸都充满疗愈的力量。我们诚邀您开启"昱栈·48时"本地生活模式。如果你恰好喜好安心，"昱栈"会是个不错的选择。

我们倡导"像当地人一样自在地生活"，以下是昱栈准备的9项体验。

（1）赶集。清晨漫步至最具本地生活气息的农贸市场，买些当季时节食材，给家人、朋友分享您制作的美味食物。（烘焙亦可，"昱栈"为您准备了烘焙的设备与材料哦！）

（1）候茶闻香。听着山泉水在壶中翻滚的声音，轻拾一缕香，品甘醇温润的茶汤。

（2）读书。或在帷幔透下的日光里，或在蔷薇烂漫的昱栈大宅门里，于静谧之处，让心灵与书籍对话。

（3）家宴。参与诸葛家宴，享受当地时节食材烹煮的美味，结识旅途上的同路人。

（4）全家福。在致远堂留影，定格美好瞬间。

（5）畅游入夜。邀上小伙伴，在抬头能看见满天星光的百年大宅里的泳池中像鱼儿一样畅游。

（6）BBQ。在院落的壁炉里享受烧烤乐趣，party正式开始。

（7）私享旅行。提灯笼探索诸葛八卦村的迷宫般布局，感受古人的智慧。

（8）冬日围炉。冬日煮茶烤地瓜暖身更暖心。

"昱栈·48时"，一场"清奢"的回"家"旅途。亲，欢迎回家！

From 昱栈

点评：浙江金华昱栈民宿巧妙地将自己的产品与当地生活相结合，从早上赶集、品茶、读书，到中午享用特色"诸葛家宴"，再到夜晚围炉煮茶烤地瓜、夜游，策划了"昱栈·48时"，一场"清奢"的回"家"旅途，倡导的9项体验是与众不同、独一无二的产品卖点。

同步案例

江西婺源是抖音短视频营销做得较好的乡村旅游目的地之一，有其独特的运营策略。官方抖音账号"中国最美乡村-婺源"精准地将品牌形象定位于"乡愁"，并围绕这一主题创作了一系列短视频，内容包括原生态的乡村景观、原汁原味的百姓日常生活、本地寻常人家的传统小吃（如灰汁粿、炒米脆等）、乡村特色的娱乐活动（如"老树上的秋千""浑水摸鱼"等）、当地极富特色的文化产品（如"油纸伞""竹夫人"等），再配上略带伤感的乡愁背景音乐，令人对这种远离城市喧嚣的宁静乡村生活充满无限的向往。

（资料来源：根据网络资料整理）

思考：这个案例对你有什么启示？

教学互动
Jiaoxue Hudong

分组选取校园一角，撰写一份文案，拍摄一个抖音小视频，在全班分享，评价方式为小组互评、教师点评。

项目小结

服务就是营销，营销就是服务，好的服务带来好的口碑，这是企业获客、转化和复购的决定因素，民宿服务需要基于用户需求不断创新。新媒体营销已成为当今数字时代的重要组成部分，对企业和个人品牌的成功推广至关重要。随着社交媒体的普及和互联网的快速发展，新媒体营销成为吸引目标受众、提升品牌影响力、实现商业化的关键手段。新媒体营销具有诸多优势，如成本低、植入性强、粉丝黏性强、传播面广、互动性强、见效快等，要让民宿获取良好的社会效益与经济效益，民宿管家就必须掌握新媒体营销的相关技能。

项目训练

一、知识训练

1. 什么是关键时刻与峰终定律？
2. 什么是用户思维？举例谈谈你对用户思维的理解。
3. 如何创新民宿服务接触点？
4. 什么是新媒体营销？新媒体营销有哪些优势？
5. 自媒体营销需要注意哪些注意事项？

二、能力训练

1. 选取本地知名民宿，与民宿主人、管家、客人交流，调查民宿服务现状，分析存在的问题，并提出相应的服务提升方案。
2. 选取本地知名民宿，运用新媒体营销的理念和工具，提前策划，有目的地拍摄内部装饰、庭院、客房等区域。结合照片和当前季节特色，撰写宣传文案，并进行图文编辑，完成一篇推文。

参 考 文 献

[1] 洪涛，苏炜.民宿运营与管理[M].北京：旅游教育出版社，2019.
[2] 魏凯，刘萍，杨诗兵.民宿管家服务[M].北京：旅游教育出版社，2022.
[3] 刘荣.民宿养成指南[M].南京：江苏凤凰科学技术出版社，2018.
[4] 人力资源社会保障部教材办公室.客房服务员（基础知识）[M].北京：中国劳动社会保障出版社，2021.
[5] 汝勇健.沟通技巧[M].5版.北京：旅游教育出版社，2023.
[6] 尹萍，郭贵荣，杨帆.民宿新媒体营销[M].北京：旅游教育出版社，2022.
[7] 叶敏，刘惠，张红娜.民宿数字化营销[M].武汉：华中科技大学出版社，2023.
[8] 叶秀霜，章艺.民宿服务与管理[M].北京：高等教育出版社，2021.

教学支持说明

为了改善教学效果,提高教材的使用效率,满足高校授课教师的教学需求,本套教材备有与纸质教材配套的教学课件和拓展资源(案例库、习题库等)。

为保证本教学课件及相关教学资料仅为教材使用者所得,我们将向使用本套教材的高校授课教师赠送教学课件或者相关教学资料,烦请授课教师通过加入酒店专家俱乐部QQ群或公众号等方式与我们联系,获取"电子资源申请表"文档并认真准确填写后发给我们,我们的联系方式如下:

地址:湖北省武汉市东湖新技术开发区华工科技园华工园六路

邮编:430223

酒店专家俱乐部QQ群号:710568959

群名称:酒店专家俱乐部
群　号:710568959

扫码关注
柚书公众号

教学课件资源申请表

填表时间：_____年___月___日

1. 以下内容请教师按实际情况写，★为必填项。
2. 根据个人情况如实填写，相关内容可以酌情调整提交。

★姓名		★性别	□男 □女	出生年月		★职务	
						★职称	□教授 □副教授 □讲师 □助教

★学校		★院/系	
★教研室		★专业	
★办公电话		家庭电话		★移动电话	
★E-mail（请填写清晰）		★QQ号/微信号	
★联系地址		★邮编	

★现在主授课程情况	学生人数	教材所属出版社	教材满意度
课程一			□满意 □一般 □不满意
课程二			□满意 □一般 □不满意
课程三			□满意 □一般 □不满意
其 他			□满意 □一般 □不满意

教 材 出 版 信 息			
方向一		□准备写 □写作中 □已成稿 □已出版待修订 □有讲义		
方向二		□准备写 □写作中 □已成稿 □已出版待修订 □有讲义		
方向三		□准备写 □写作中 □已成稿 □已出版待修订 □有讲义		

请教师认真填写表格下列内容，提供索取课件配套教材的相关信息，我社根据每位教师填表信息的完整性、授课情况与索取课件的相关性，以及教材使用的情况赠送教材的配套课件及相关教学资源。

ISBN（书号）	书名	作者	索取课件简要说明	学生人数（如选作教材）
			□教学 □参考	
			□教学 □参考	

★您对与课件配套的纸质教材的意见和建议，希望提供哪些配套教学资源：